Lotto Master Boo

Guide for V ___s

Rob Sutton

Table of Contents

Chapter 1 – About This Book

I got the idea for this book from a book that I purchased back in 2009. At the time I was mesmerized by the sales copy and just had to have the book so I paid the $97 sales price and got my own copy.

Even though I got the idea for this book from another, the information contained in this book is easily available on the internet via Google searches for "lotto", "lottery", "lotto wheels", etc. When I researched the lotto wheels keywords in Google, I found even more lotto wheels online than were contained in the book that I had bought back in 2009. Therefore, my book contains even more information on this subject.

I religiously read my book from 2009 cover to cover multiple times. As I read, I took copious notes so I could come up with my own lotto system that I could use to make millions. I began to implement what I had been studying and soon learned that winning at lotto was a much larger task than I had imagined.

I found that I was most successful using the strategies on "How to Win at Pick 3" that I will briefly describe in Chapter 3 of this book. However, I found that the best I could do is win back approximately 50% of what I purchased in tickets. But the flip side to this is that I was consistently losing 50% of the money I invested each time I played so my dream of winning millions was going in the wrong direction. Needless to say, my Pick 3 playing career soon came to an end.

I then went on to the strategies around selecting six-number tickets to play in the larger jackpot games. I live in the State of California and the most popular, larger lotto games available to play here are Powerball, Mega Millions, and SuperLotto Plus.

All of these games use the six-number ticket system. Depending on the game you choose the first five numbers are selected from a large range of numbers: 1-47 for SuperLotto Plus, 1-69 for Powerball, and 1-70 for Mega Millions. The sixth number is selected from a much smaller range of numbers: 1-25 for Mega Millions, 1-26 for Powerball, and 1-27 for SuperLotto Plus.

The problem with six-number games is that the odds of winning the jackpot range from one in 179 million to one in 292 million depending on the game you play. This element immediately moves playing lotto from a way to make money into an entertainment or recreational activity. As such one should only use "extra", "fun" money, or money you never plan on seeing again when you play the lotto. We have to be real; your chances of winning are in the millions against you!

Yet I still find playing the lotto fascinating. And I still hold to the dream that someday I will play a winning ticket that will instantly turn me into a millionaire. Do I deserve it… absolutely not! But will I accept it and embrace it and be a generous, benevolent person to countless people when I do win…. yes, Yes, a thousand times YES!

Check out Chapter 4 where I review some of the strategies around selecting numbers for six number tickets. And keep the faith, as I always say, "Someone is going to win… why not me? … why not you!

Chapter 2 – Why Play Lotto

I already addressed this briefly in Chapter 1 stating that the odds are so against you that it seems pointless to play lotto. One should not play lotto expecting to make money but rather one should play lotto as a form of entertainment or as something fun and exciting to do. These are the reasons why you play lotto.

I have heard some people say that lotto is not worth playing unless the jackpot is over $100M. Otherwise it's not worth their time. Who are they kidding! If the jackpot is $1M and I'm the winner I would certainly say it was worth my time. Anyway, there are as many excuses and reasons not to play as there are to play.

Another reason some people like to play is because they find it very challenging and fun. It makes them feel optimistic and it gives them hope that all of their dreams could come true. When you stop trying, you will lose the chance of seeing your dreams come to life.

So, my best advice is to play responsibly. By this I mean play lotto knowing full well that the odds are against you but also know that if you don't play the chances of you winning are -0-.

Play only what you can afford to lose, have fun, and you never know. You could be the next instant millionaire, for after all someone will be… why not you! …why not me!

This page
intentionally
left blank.

Chapter 3 – How to Win at Pick 3

First, you must understand that the chances of you buying a winning ticket in a Pick 3 game are against you. If you play a "Straight" game meaning your numbers match the winning number in the **exact** same order the odds are 1:1000. For a "Box" game your numbers must match the winning numbers in **any** order and the odds decrease to 1:100. If you play a "Straight/Box" game and your numbers match the winning numbers in exact order you win approximately half the Straight prize plus approximately half the Box prize; if you match the winning numbers in any other order you win approximately half the Box prize; the odds for a "Straight/Box" game increase a little to 1:168 vs playing a "Box" game.

To play all possible number combinations at $1 per play, you would have to pay $999 to win the approximate $600 jackpot if you played a "Straight" game. Or the jackpot would be approximately $100 if you won a "Box" game. Or the jackpot would be approximately $350 if you won a "Straight/Box" game.

Whatever game you played, spending almost $1,000 to win from $100 to $600 is a losing proposition no matter how you look at it.

But as I stated earlier, I had my best results playing the Pick 3 game. Unfortunately, I was not able to win more than I invested in tickets but I sure had fun. And I often broke even so I kept playing Pick 3 for quite a while.

The method I used was to track the numbers and look for trends. Basically, I used a visual system to play Hot numbers.

You can easily duplicate my system by creating your own tracking tool as shown below. On a piece of paper write down three sets of the numbers 0 through 9 on the left side of the paper; and at least one month of plays (1 through 31) across the top of the paper. After each drawing, mark an "X" on the chart corresponding to the number drawn.

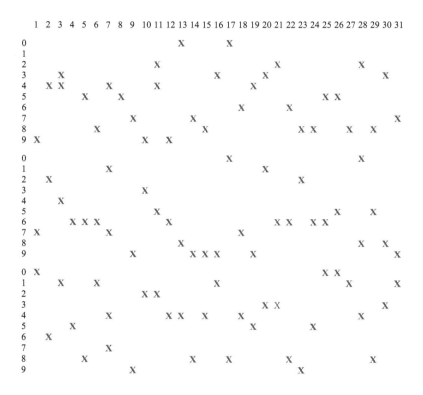

When you see a trend or pattern develop that is the time to buy a ticket. Taking a look at the chart above, it looks like I should play the numbers 7, 11, and 28 for a while as they are the "hot" numbers from this month.

In addition, remember to keep your old charts for reference.

Chapter 4 – Various Lotto Strategies

Before we get into the lotto wheel section, I want to briefly review some of the strategies behind choosing the numbers you play in a lotto wheel. This is the area that I am still working on too. If you can get this down, that is which group of numbers to enter into your lotto wheel, you will definitely have an advantage and be one big step closer to getting that winning ticket.

Addition Strategy. The sum of 2 makes a 3rd.
* Ex: 07-10-12-22-47-48, 10 & 12 sum to 22.

Decade Reduction Strategy. This strategy is based on the repetition principle. You need to find 2 to 3 decades that are drawn together most often and play all of the numbers within those decades. This strategy can be used quite effectively with a lotto wheel. For example, if you are using a 2-decade group you would be playing 20 numbers. The wheels contained in this book would enable you to play a Balanced Economy Wheel with 20 numbers in 15 combinations or a Front-Loaded Economy Wheel with 20 numbers in 15 combinations.

Delta Lottery Number Reduction Strategy. This strategy involves figuring out the span between each number using the first number as the starting point of reference. If you know the lowest number in a drawing and the span between the first and second number and so on you would have it made. The problem here is that you have to know the smallest number drawn as well as the span between numbers.

Double Digits Strategy.
* Ex: 22, 33, 44, 55, 66.
* Half are rare: 11-22 or 22-44.

Dowsing Strategy. This may seem a bit strange to the average person, but we who play lotto are far from average. We are dreamers, somewhat idealists, visionaries, a bit romantic, and above all else we are eternally optimistic. Traditionally dowsing is known as "water witching" to find water in the ground, or metals, gemstones, and even missing people.

Whether you believe in dowsing or not it has been suggested that humans are able sense electric and magnetic energies that are invisible to the eye and dowsing enables one to subconsciously manipulate the dowsing rod, or in the case of dowsing for lotto numbers the pendulum, to reflect the information you are seeking.

Go to **https://v.ht/DowsingForLottoNumbers** (this link is case sensitive, enter it exactly as shown) to view my YouTube video where I demonstrate how to pick lotto numbers using a dowsing pendulum. I think you will find it educational and entertaining.

Elapse Time Trend Analysis Strategy. As the name implies, using the Elapse Time Trend Analysis gives you valuable information on the winning and losing behavior of the numbers you analyze. This behavior can be used to predict the winning and losing likelihood of numbers in the near future and is also very reliable in choosing the last digit numbers for games such as Powerball, Mega Millions, and SuperLotto Plus.

By studying the pattern of the curve in the Elapse Time Trend chart, winning and losing trends come immediately to light in just a glance. You gain immediate insight into when numbers are likely to win and which numbers would be a waste of your money.

Eliminate Some Numbers Strategy.
- Do not play all of the numbers drawn the previous game,
- Or divide numbers into four groups, do not play all of the numbers from the groups drawn the previous game.

Flipping Coins Strategy.
- Heads keep,
- Keep going through numbers until left with six,
- Or use larger group of numbers and wheel.

Half or Double Strategy.
- Ex: 14-16-19-28-39-48, 14 is half of 28 or 28 is double 14.

High and Low Strategy.
- Number of numbers below midpoint / number of numbers above midpoint.
- SuperLotto Plus
  - Numbers 1 thru 5: low 1-23 | high 24-47
  - Mega Number: low 1-13 | high 14-27
- Mega Millions
  - Numbers 1 thru 5: low 1-35 | high 36-70
  - Mega Number: low 1-12 | high 13-25
- Powerball
  - Numbers 1 thru 5: low 1-34 | high 35-69
  - Powerball Number: low 1-13 | high 14-26

Hot and Cold Numbers Strategy. There are many schools of thought when it comes to Hot and Cold numbers.

How one plays Hot and Cold numbers is a science all to itself. Some choose to only play Hot numbers thinking that their chances are automatically increased since the Hot numbers tend to hit more often. Whereas the thought of playing Cold numbers is that every time a Cold number does not hit the odds of it hitting the next draw increase.

Personally, I prefer to play Hot numbers, but then I have never hit a jackpot so what do I know.

I found a fantastic web site, **http://LotteryExtreme.com**, that has information on all of the lottery games played throughout the entire World, including all of the games played in all 50 US States. The site includes past results, history, statistics, hot numbers, number frequency and more.

Last Digits Strategy.
- Ex: 06-26, 08-38, 17-37.

Last Three Games Strategy.
- Numbers drawn in last three games, or
- Numbers drawn in last four games.

Multiple/Division Strategy.
- Ex: 06 x 08 = 48
- All numbers appearing in same draw.

Odds and Evens Strategy.
- Count number of times odds and evens drawn.

Pooling Strategy. This strategy involves pooling your money or joining a lottery club. The thought here is that by joining your resources with others you will get more bang for your buck. The increased number of tickets you can buy will definitely increase your chances of winning. However, the drawback is that if you do win you will be sharing your winnings with the other members of the pool. My thought here is, "Would you like to have a share of millions or a share of nothing?" I think you know where I stand on pooling.

Position (also known as Sector Analysis) Strategy.
- Divide numbers into six positions, follow the strong patterns.
- SuperLotto Plus
  - Numbers 1 thru 5 (1-47)
    - 1: 1 – 8
    - 2: 9 – 16
    - 3: 17 – 24
    - 4: 25 – 32
    - 5: 33 – 40
    - 6: 41 – 47
  - Mega Number (1-27)
    - 1: 1 – 4
    - 2: 5 – 9
    - 3: 10 – 13
    - 4: 14 – 18
    - 5: 19 – 22
    - 6: 23 – 27
- Mega Millions
  - Numbers 1 thru 5 (1-70)
    - 1: 1 – 12
    - 2: 13 – 23
    - 3: 24 – 35
    - 4: 36 – 47
    - 5: 48 – 58
    - 6: 59 – 70
  - Mega Number (1-25)
    - 1: 1 – 4
    - 2: 5 – 8
    - 3: 9 – 12
    - 4: 13 – 16
    - 5: 17 – 20

- 6: 21 – 25
- Powerball
  - Numbers 1 thru 5 (1-69)
    - 1: 1 – 11
    - 2: 12 – 23
    - 3: 24 – 34
    - 4: 35 – 46
    - 5: 47 – 57
    - 6: 58 – 69
  - Powerball Number (1-26)
    - 1: 1 – 4
    - 2: 5 – 9
    - 3: 10 – 13
    - 4: 14 – 17
    - 5: 18 – 22
    - 6: 23 – 26

Repeaters Strategy.
- Numbers drawn last game and present game.

Reverse Digits Strategy.
- Ex: 14-41, 04- 40, 12-21.

Sequential Strategy.
- Consecutive numbers drawn same game (7 & 8, 12 & 13, etc.).

Sequential Leapfrog Strategy.
- Numbers in front and after number drawn in next game,
- Ex: 5 current game; then 4 – 6 drawn next game.
- Note: first number and last number are sequential (SuperLotto Plus 1-47).

Sequential Leapfrog, Centered Strategy.
- Numbers before or after odd/even pair,
- Ex: current game 7 – 9 – 16 – 29 – 32 – 34,

- Next game: 7 – 9 and 32 – 34.

Sequential Odd/Even Strategy.
- Consecutive odd/even numbers drawn same game (26-28, 47-49, etc.).

Special Software Strategy. This strategy can become expensive fast. There are a number of computer software programs available and some are expensive. Bottom line is lotto is a game of chance so why help someone else profit on your misfortune, because you will only win once in approximately 200,000,000 tries!

Thirds Strategy.
- Split drawings in three; find patterns, i.e. 2-2-2, 1-2-3, etc.

- SuperLotto Plus
  - Numbers 1 thru 5 (1-47)
    - 1: 1 – 16
    - 2: 17 – 31
    - 3: 32 – 47
  - Mega Number (1-27)
    - 1: 1 – 9
    - 2: 10 – 18
    - 3: 19 – 27
- Mega Millions
  - Numbers 1 thru 5 (1-70)
    - 1: 1 – 23
    - 2: 24 – 47
    - 3: 48 – 70
  - Mega Number (1-25)
    - 1: 1 – 8
    - 2: 9 – 17
    - 3: 18 – 25
- Powerball
  - Numbers 1 thru 5 (1-69)

- 1: 1 – 23
- 2: 24 – 46
- 3: 47 – 69
  - o Powerball Number (1-26)
    - 1: 1 – 9
    - 2: 10 – 17
    - 3: 18 – 26

Tracking Numbers Strategy. As the name implies this method involves keeping track of the individual numbers that are drawn over time. By doing this you are able to determine what the chances of a particular number winning in the future are. Some players only play the Hot numbers whereas other players believe Hot numbers are on their way out so they only play Cold numbers. The definition of a Hot number is any number which has 3 or more hits in the last 12 draws. Conversely the definition of a Cold number is any number with 0 hits in the last 12 draws.

Still others play a combination of Hot and Cold numbers. The only saving grace in all of this is that in this day and age most lotto websites have a history of the number frequencies available a mouse click away. So however, you choose to use this system the data it is based on is readily available.

Summary

With so many lotto strategies, you need a good method to come up with number combinations to play once you have picked the group of numbers you want to play. I strongly believe that lotto wheels are the best tool to use for this purpose, i.e. combining your individually chosen numbers into groups of 3, 4, 5, or 6 numbers to play (depending on the game you play).

Read on to see the power of lotto wheels, especially when combined with numbers with high probabilities of being drawn.

This page
intentionally
left blank.

Chapter 5 – What is a Lottery Wheel

A lotto wheel is a powerful tool that can easily help you choose a large group of lottery numbers to play. When I Googled the definition what I got back was… a lotto wheel is an entertaining strategy, system, or method of playing the lottery where a player secures wins provided, they hit some of the drawn numbers.

My definition of a lotto wheel, after having used one many times, is a bit different. I would define a lotto wheel as a system to help you arrange the numbers you choose to play in scientific combinations. However, your chances to come up with a winning ticket are only as good as your ability to play numbers that end up being drawn.

Yet a lotto wheeling system is a powerful strategy that provides an effective, systematic method for playing lotto games. You can randomly fill out game cards or use Quick Picks, but a lotto wheeling system increases your chances of becoming a winner! It has been proven that lotto wheeling systems can help you win more multiple-tier prizes.

Bottom line, a lotto wheel is a powerful tool that can easily help you choose a large group of lottery numbers to play. As you read on you will quickly see what lottery wheels are all about and how they work.

This page
intentionally
left blank.

Chapter 6 – Introduction to Lotto Wheels

Pointer Numbers. Each lotto wheel is preceded by a set of Pointer Numbers. To use the wheel, you write your numbers beside the Pointer Numbers, and then you exchange your numbers with the Pointer Numbers in the combinations in the wheel to create the numbers you will play. I know this sounds a bit complicated but believe me it really is not. Take a moment, reread the above statement and try filling out your first wheel. In no time you will be a pro.

Here is an example of how to use a "9 Numbers in 3 Combinations Wheel".

First, you write down your "9" numbers you want to play next to the pointer numbers as I have done below. Note, if this was a "28 Numbers in 20 Combinations Wheel" you would write down 28 numbers next to the Pointer Numbers.

Pointer No.	Your No.
1	7
2	14
3	47
4	2
5	8
6	36
7	1
8	5
9	19

Then, you replace the pointer numbers in the wheel with your numbers. Below I have shown the number of combinations (Combos) for the wheel in my example (3), and then the corresponding pointer numbers for the wheel.

Combos	Pointer Numbers					
	(replace with your numbers)					
01)	1	2	3	4	5	6
02)	1	2	3	7	8	9
03)	4	5	6	7	8	9

And finally, here is the completed wheel, with my numbers replacing the pointer numbers. These are the number combinations that I would use to buy my lotto tickets.

Combos	Pointer Numbers					
	(here are my numbers)					
01)	7	14	47	2	8	36
02)	7	14	47	1	5	19
03)	2	8	36	1	5	19

Prize-Winning Power. Many of the lotto wheels that I found online included this information. It took me a while to figure out exactly what the Prize-Winning Power information meant, but now I have got it figured out so let me explain.

Let's say you are playing 9 numbers and the Prize-Winning Power for the wheel has a guarantee of 3 if 3 = 67.86%. What this means is that there is a 67.86% chance that you will get a 3-win ticket whenever three of the 9 numbers are among the numbers drawn.

And for one more example of Prize-Winning Power. Let's say you are playing 12 numbers and the Prize-Winning Power for the wheel has a guarantee of 4 if 6 = 100.0%. What this means is that there is a 100.0% chance that you will get a 4-win ticket whenever six of the 12 numbers are among the numbers drawn.

Typically, a lotto wheel will be preceded by the Prize-Winning Power such as I have shown below.

Prize-Winning Power

3 if 3 = 67.86%
3 if 4 = 100.0%
3 if 5 = 100.0%
3 if 6 = 100.0%

4 if 4 = 35.71%
4 if 5 = 100.0%
4 if 6 = 100.0%

5 if 5 = 14.28%
5 if 6 = 67.86%

To be honest, this is a whole lot of information that is only as good as the numbers that you play.

The bottom line is if you play numbers that will be drawn you will win. So, it is critical that you select good numbers to play and that my friend is the secret to winning the lottery!

Before I close out this chapter on Introduction to Lotto Wheels, I want to talk about some of the more common lotto wheels that you may run across. All of the wheels mentioned below are included in this book.

Front Loaded Wheels. Use this wheel when you rank your numbers from better to worse. Your best choices go first on the wheel, in better to worse order. The "front loaded" aspect of this wheel will generate more of the better numbers together in the combinations.

Balanced Wheels. Use this wheel when you rank your number in any order you like. Essentially no number is better than another, so they can be entered in any order and the "balanced" aspect of this wheel will distribute them evenly throughout the combinations.

Play All the Numbers on 20 Tickets Wheels. This wheel produces the best 20 combinations for the numbers you are playing. This is a balanced wheel, so you can write your numbers next to the pointer numbers in any order you prefer.

Super Wheels. Use this wheel if you have a lotto club or group of people that pool their money together to play or if you just want to play yourself like a club. These are balanced wheels that generate a large number of combinations to play. Since they are balanced wheels, enter your numbers next to the pointer numbers in any order you choose.

Positional Pick-6 Wheels. In this type of wheel, your numbers link to a position in the combination. Group One supplies numbers for the first position, Group Two supplies numbers for the second position, all the way to Group Six supplying numbers to the last position. This is a positional wheel, so enter your numbers from the groups that you believe will appear first, then second, etc. based on following the strong patterns. For more information on this strategy, see the Position (also known as Sector Analysis) strategy, discussed in Chapter 4.

Chapter 7 – Front Loaded Wheels

For 9 Numbers in 3 Combinations

Note: See Chapter 6 for instructions how to use this wheel.

Prize Winning Power
3 if 3 = 67.86%
3 if 4 = 100.0%
3 if 5 = 100.0%
3 if 6 = 100.0%

4 if 4 = 35.71%
4 if 5 = 100.0%
4 if 6 = 100.0%

5 if 5 = 14.28%
5 if 6 = 67.86%

Combos	Pointer Numbers (replace with your numbers)					
01)	1	2	3	4	5	6
02)	1	2	3	7	8	9
03)	4	5	6	7	8	9

For 12 Numbers in 6 Combinations

Note: See Chapter 6 for instructions how to use this wheel.

Prize Winning Power
3 if 3 = 51.36%
3 if 4 = 95.15%
3 if 5 = 100.0%
3 if 6 = 100.0%

4 if 4 = 18.18%
4 if 5 = 63.64%
4 if 6 = 100.0%

5 if 5 = 4.54%
5 if 6 = 24.02%

Combos	Pointer Numbers					
	(replace with your numbers)					
01)	1	2	3	4	5	6
02)	1	2	3	7	8	9
03)	4	5	6	7	8	9
04)	1	4	9	10	11	12
05)	2	5	6	10	11	12
06)	3	7	8	10	11	12

For 13 Numbers in 12 Combinations

Note: See Chapter 6 for instructions how to use this wheel.

Prize Winning Power
3 if 3 = 67.83%
3 if 4 = 99.58%
3 if 5 = 100.0%
3 if 6 = 100.0%

4 if 4 = 24.05%
4 if 5 = 76.53%
4 if 6 = 100.0%

5 if 5 = 5.52%
5 if 6 = 28.61%

Combos	Pointer Numbers					
	(replace with your numbers)					
01)	1	2	3	4	5	6
02)	1	2	3	4	6	8
03)	1	2	3	7	8	9
04)	1	2	6	7	12	13
05)	1	4	9	10	11	12
06)	1	5	7	10	11	13
07)	2	3	4	8	12	13
08)	2	4	5	9	12	13
09)	2	5	6	10	11	12
10)	3	6	9	10	11	13
11)	3	7	8	10	11	12
12)	4	5	6	7	8	9

For 14 Numbers in 12 Combinations

Note: See Chapter 6 for instructions how to use this wheel.

Prize Winning Power
3 if 3 = 59.89%
3 if 4 = 98.60%
3 if 5 = 100.0%
3 if 6 = 100.0%

4 if 4 = 17.98%
4 if 5 = 65.53%
4 if 6 = 97.40%

5 if 5 = 3.60%
5 if 6 = 19.58%

Combos	Pointer Numbers					
	(replace with your numbers)					
01)	1	2	3	4	5	6
02)	1	2	3	7	8	9
03)	1	4	9	10	11	12
04)	1	5	7	10	13	14
05)	1	6	8	11	12	13
06)	2	3	4	7	10	13
07)	2	3	5	9	11	14
08)	2	4	8	11	13	14
09)	2	5	6	10	11	12
10)	3	6	9	12	13	14
11)	3	7	8	10	11	12
12)	4	5	6	7	8	9

For 14 Numbers in 15 Combinations

Note: See Chapter 6 for instructions how to use this wheel.

Prize Winning Power
3 if 3 = 69.50%
3 if 4 = 99.90%
3 if 5 = 100.0%
3 if 6 = 100.0%

4 if 4 = 22.18%
4 if 5 = 75.54%
4 if 6 = 99.67

5 if 5 = 4.49%
5 if 6 = 24.07%

Combos	Pointer Numbers					
	(replace with your numbers)					
01)	1	2	3	4	5	6
02)	1	2	3	7	8	9
03)	1	4	9	10	11	12
04)	1	5	7	10	13	14
05)	1	6	7	10	11	14
06)	1	6	8	11	12	13
07)	2	3	4	7	10	13
08)	2	3	5	9	11	14
09)	2	4	8	10	12	14
10)	2	4	8	11	13	14
11)	2	5	6	10	11	12
12)	3	5	8	9	12	13
13)	3	6	9	12	13	14
14)	3	7	8	10	11	12
15)	4	5	6	7	8	9

For 15 Numbers in 12 Combinations

Note: See Chapter 6 for instructions how to use this wheel.

Prize Winning Power
3 if 3 = 48.35%
3 if 4 = 94.21%
3 if 5 = 100.0%
3 if 6 = 100.0%

4 if 4 = 13.19%
4 if 5 = 50.02%
4 if 6 = 89.59%

5 if 5 = 2.93%
5 if 6 = 13.19%

Combos	Pointer Numbers					
	(replace with your numbers)					
01)	1	2	3	4	5	6
02)	1	2	3	7	8	9
03)	1	4	9	10	11	12
04)	1	5	7	13	14	15
05)	1	6	8	10	11	13
06)	2	4	8	13	14	15
07)	2	5	6	10	11	12
08)	2	7	10	12	14	15
09)	3	4	5	11	12	13
10)	3	6	9	13	14	15
11)	3	7	8	10	11	12
12)	4	5	6	7	8	9

For 15 Numbers in 15 Combinations

Note: See Chapter 6 for instructions how to use this wheel.

Prize Winning Power
3 if 3 = 57.80%
3 if 4 = 98.31%
3 if 5 = 100.0%
3 if 6 = 100.0%

4 if 4 = 16.41%
4 if 5 = 59.54%
4 if 6 = 95.46%

5 if 5 = 3.00%
5 if 6 = 16.40%

Combos	Pointer Numbers (replace with your numbers)					
01)	1	2	3	4	5	6
02)	1	2	3	7	8	9
03)	1	2	9	11	12	13
04)	1	4	9	10	11	12
05)	1	5	7	13	14	15
06)	1	6	8	10	11	13
07)	2	4	8	13	14	15
08)	2	5	6	10	11	12
09)	2	7	10	12	14	15
10)	3	4	5	11	12	13
11)	3	6	9	13	14	15
12)	3	7	8	10	11	12
13)	4	5	6	7	8	9
14)	4	6	7	11	14	15
15)	5	8	9	10	14	15

For 16 Numbers in 15 Combinations

Note: See Chapter 6 for instructions how to use this wheel.

Prize Winning Power
3 if 3 = 49.82%
3 if 4 = 95.21%
3 if 5 = 100.0%
3 if 6 = 100.0%

4 if 4 = 12.36%
4 if 5 = 49.11%
4 if 6 = 88.82%

5 if 5 = 2.06%
5 if 6 = 11.43%

Combos	Pointer Numbers					
	(replace with your numbers)					
01)	1	2	3	4	5	6
02)	1	2	3	7	8	9
03)	1	4	9	10	11	12
04)	1	5	13	14	15	16
05)	1	6	7	11	13	15
06)	1	7	10	12	14	16
07)	2	4	7	13	14	15
08)	2	4	8	12	13	16
09)	2	5	6	10	11	12
10)	3	5	9	12	14	15
11)	3	6	9	10	13	16
12)	3	7	8	10	11	12
13)	4	5	6	7	8	9
14)	5	8	10	11	13	14
15)	6	8	11	14	15	16

For 17 Numbers in 15 Combinations

Note: See Chapter 6 for instructions how to use this wheel.

Prize Winning Power
3 if 3 = 41.91%
3 if 4 = 90.12%
3 if 5 = 99.77%
3 if 6 = 100.0%

4 if 4 = 9.45%
4 if 5 = 39.14%
4 if 6 = 78.52%

5 if 5 = 1.45%
5 if 6 = 8.12%

Combos	Pointer Numbers (replace with your numbers)					
01)	1	2	3	4	5	6
02)	1	2	3	7	8	9
03)	1	4	9	10	11	12
04)	1	5	7	11	14	16
05)	1	5	8	12	13	15
06)	1	13	14	15	16	17
07)	2	4	7	13	14	15
08)	2	4	8	11	16	17
09)	2	5	6	10	11	12
10)	3	5	9	13	16	17
11)	3	6	11	13	15	17
12)	3	7	8	10	11	12
13)	4	5	6	7	8	9
14)	6	7	9	12	14	17
15)	6	8	10	14	15	16

For 18 Numbers in 15 Combinations

Note: See Chapter 6 for instructions how to use this wheel.

Prize Winning Power
3 if 3 = 35.41%
3 if 4 = 84.05%
3 if 5 = 99.17%
3 if 6 = 99.99%

4 if 4 = 7.35%
4 if 5 = 31.30%
4 if 6 = 68.04%

5 if 5 = 1.05%
5 if 6 = 5.90%

Combos	Pointer Numbers (replace with your numbers)					
01)	1	2	3	4	5	6
02)	1	2	3	7	8	9
03)	1	4	9	10	11	12
04)	1	6	7	11	15	18
05)	1	13	14	15	16	17
06)	2	4	7	13	14	18
07)	2	5	6	10	11	12
08)	2	5	7	10	16	17
09)	2	8	11	14	15	17
10)	3	5	9	15	16	18
11)	3	6	12	14	16	17
12)	3	7	8	10	11	12
13)	4	5	6	7	8	9
14)	4	8	12	13	15	16
15)	6	8	10	13	17	18

For 20 Numbers in 15 Combinations

Note: See Chapter 6 for instructions how to use this wheel.

Prize Winning Power
3 if 3 = 25.70%
3 if 4 = 70.01%
3 if 5 = 95.51%
3 if 6 = 99.87%

4 if 4 = 4.64%
4 if 5 = 20.43%
4 if 6 = 49.13%

5 if 5 = 0.58%
5 if 6 = 3.29%

Combos	Pointer Numbers					
	(replace with your numbers)					
01)	1	2	3	4	5	6
02)	1	2	3	7	8	9
03)	1	4	9	10	11	12
04)	1	13	14	15	16	17
05)	2	4	13	18	19	20
06)	2	5	6	10	11	12
07)	2	7	12	15	17	19
08)	2	9	11	14	16	18
09)	3	5	14	15	18	19
10)	3	7	8	10	11	12
11)	3	9	11	13	15	20
12)	4	5	6	7	8	9
13)	5	8	10	13	17	18
14)	6	7	16	17	18	20
15)	8	10	14	16	19	20

For 22 Numbers in 15 Combinations

Note: See Chapter 6 for instructions how to use this wheel.

Prize Winning Power
3 if 3 = 19.02%
3 if 4 = 57.01%
3 if 5 = 88.39%
3 if 6 = 98.87%

4 if 4 = 3.07%
4 if 5 = 13.74%
4 if 6 = 34.93%

5 if 5 = 0.34%
5 if 6 = 1.95%

Combos	Pointer Numbers					
	(replace with your numbers)					
01)	1	2	3	4	5	6
02)	1	2	3	7	8	9
03)	1	4	9	10	11	12
04)	1	13	14	15	16	17
05)	1	18	19	20	21	22
06)	2	4	13	14	18	19
07)	2	5	6	10	11	12
08)	2	7	15	16	20	21
09)	3	5	13	17	20	22
10)	3	7	8	10	11	12
11)	3	9	12	15	19	21
12)	4	5	6	7	8	9
13)	4	8	10	16	17	19
14)	6	8	10	14	15	22
15)	6	9	11	16	17	18

For 24 Numbers in 15 Combinations

Note: See Chapter 6 for instructions how to use this wheel.

Prize Winning Power
3 if 3 = 14.48%
3 if 4 = 46.39%
3 if 5 = 79.25%
3 if 6 = 95.96%

4 if 4 = 2.12%
4 if 5 = 9.57%
4 if 6 = 24.21%

5 if 5 = 0.21%
5 if 6 = 1.21%

Combos	Pointer Numbers (replace with your numbers)					
01)	1	2	3	4	5	6
02)	1	2	3	7	8	9
03)	1	4	9	10	11	12
04)	1	13	14	15	16	17
05)	1	18	19	20	21	22
06)	2	4	13	18	23	24
07)	2	5	6	10	11	12
08)	2	12	13	16	19	22
09)	3	5	14	19	23	24
10)	3	7	8	10	11	12
11)	4	5	6	7	8	9
12)	6	7	15	16	20	23
13)	6	8	17	21	22	24
14)	9	10	13	14	20	21
15)	9	11	15	17	18	19

For 24 Numbers in 20 Combinations

Note: See Chapter 6 for instructions how to use this wheel.

Prize Winning Power

3 if 3 = 19.42%
3 if 4 = 59.45%
3 if 5 = 90.54%
3 if 6 = 99.26%

4 if 4 = 2.82%
4 if 5 = 12.82%
4 if 6 = 33.31%

5 if 5 = 0.28%
5 if 6 = 1.62%

Combos	Pointer Numbers					
	(replace with your numbers)					
01)	1	2	3	4	5	6
02)	1	2	3	7	8	9
03)	1	4	9	10	11	12
04)	1	8	11	16	20	24
05)	1	13	14	15	16	17
06)	1	18	19	20	21	22
07)	2	4	13	18	23	24
08)	2	5	6	10	11	12
09)	2	8	10	15	21	23
10)	2	12	13	16	19	22
11)	3	4	12	15	17	20
12)	3	5	10	16	18	22
13)	3	5	14	19	23	24
14)	3	7	8	10	11	12
15)	4	5	6	7	8	9
16)	4	7	11	14	21	22
17)	6	7	15	16	20	23

18)	6	8	17	21	22	24
19)	9	10	13	14	20	21
20)	9	11	15	17	18	19

For 26 Numbers in 20 Combinations

Note: See Chapter 6 for instructions how to use this wheel.

Prize Winning Power
3 if 3 = 14.85%
3 if 4 = 46.28%
3 if 5 = 79.31%
3 if 6 = 96.13%

4 if 4 = 2.01%
4 if 5 = 9.08%
4 if 6 = 23.86%

5 if 5 = 0.18%
5 if 6 = 1.05%

Combos	Pointer Numbers					
	(replace with your numbers)					
01)	1	2	3	4	5	6
02)	1	2	3	7	8	9
03)	1	4	9	10	11	12
04)	1	5	13	17	25	26
05)	1	7	11	20	24	25
06)	2	4	14	16	25	26
07)	2	5	6	10	11	12
08)	2	7	12	13	18	19
09)	3	5	10	14	19	24
10)	3	6	9	15	18	25
11)	3	7	8	10	11	12
12)	4	5	6	7	8	9
13)	6	8	11	19	23	26
14)	7	10	15	21	22	26
15)	13	14	15	16	17	18
16)	13	14	15	19	20	21
17)	13	16	21	22	23	24

18)	14	17	18	22	23	24
19)	15	19	20	22	23	24
20)	16	17	18	19	20	21

For 28 Numbers in 20 Combinations

Note: See Chapter 6 for instructions how to use this wheel.

Prize Winning Power
3 if 3 = 11.78%
3 if 4 = 38.27%
3 if 5 = 70.03%
3 if 6 = 91.37%

4 if 4 = 1.46%
4 if 5 = 6.69%
4 if 6 = 17.93%

5 if 5 = 0.12%
5 if 6 = 0.71%

Combos	Pointer Numbers					
	(replace with your numbers)					
01)	1	2	3	4	5	6
02)	1	2	3	7	8	9
03)	1	4	9	10	11	12
04)	1	13	25	26	27	28
05)	2	4	14	16	25	26
06)	2	5	6	10	11	12
07)	2	7	15	17	27	28
08)	3	5	18	19	25	27
09)	3	6	20	22	26	28
10)	3	7	8	10	11	12
11)	4	5	6	7	8	9
12)	8	10	21	23	25	28
13)	8	12	13	17	19	26
14)	9	11	21	24	26	27
15)	13	14	15	16	17	18
16)	13	14	15	19	20	21
17)	13	16	21	22	23	24

18)   14   17   18   22   23   24
19)   15   19   20   22   23   24
20)   16   17   18   19   20   21

For 30 Numbers in 25 Combinations

Note: See Chapter 6 for instructions how to use this wheel.

Prize Winning Power

3 if 3 = 11.97%
3 if 4 = 39.93%
3 if 5 = 72.58%
3 if 6 = 92.88%

4 if 4 = 1.37%
4 if 5 = 6.32%
4 if 6 = 17.19%

5 if 5 = 0.10%
5 if 6 = 0.61%

Combos	Pointer Numbers					
	(replace with your numbers)					
01)	1	2	3	4	5	6
02)	1	2	3	7	8	9
03)	1	4	9	10	11	12
04)	1	11	18	22	28	29
05)	1	13	25	26	27	28
06)	2	4	14	25	29	30
07)	2	5	6	10	11	12
08)	2	7	21	23	26	28
09)	3	5	15	26	29	30
10)	3	7	8	10	11	12
11)	3	9	16	24	25	28
12)	4	5	6	7	8	9
13)	4	11	17	24	26	27
14)	5	12	20	22	25	27
15)	6	7	16	19	27	29
16)	6	8	17	20	28	30
17)	8	10	14	16	22	26

18)	9	10	18	21	27	30
19)	9	12	13	17	23	29
20)	13	14	15	16	17	18
21)	13	14	15	19	20	21
22)	13	16	21	22	23	24
23)	14	17	18	22	23	24
24)	15	19	20	22	23	24
25)	16	17	18	19	20	21

For 36 Numbers in 35 Combinations

Note: See Chapter 6 for instructions how to use this wheel.

Prize Winning Power
3 if 3 = 9.51%
3 if 4 = 32.57%
3 if 5 = 62.49%
3 if 6 = 85.76%

4 if 4 = 0.89%
4 if 5 = 4.18%
4 if 6 = 11.59%

5 if 5 = 0.05%
5 if 6 = 0.32%

Combos	Pointer Numbers					
	(replace with your numbers)					
01)	1	2	3	4	5	6
02)	1	2	3	7	8	9
03)	1	4	9	10	11	12
04)	1	5	13	17	25	29
05)	1	6	14	16	26	28
06)	1	7	15	18	27	30
07)	1	8	19	22	31	34
08)	1	10	20	23	32	35
09)	1	11	21	24	33	36
10)	2	4	13	18	26	31
11)	2	5	6	10	11	12
12)	2	7	14	19	25	32
13)	2	8	15	16	29	33
14)	2	9	17	20	27	28
15)	2	12	21	22	30	35
16)	3	4	14	20	29	34
17)	3	5	15	21	26	32

18)	3	6	13	19	27	33
19)	3	7	8	10	11	12
20)	3	9	16	22	25	36
21)	3	10	17	24	30	31
22)	4	5	6	7	8	9
23)	4	12	15	23	28	36
24)	13	14	15	16	17	18
25)	13	14	15	19	20	21
26)	13	16	21	22	23	24
27)	14	17	18	22	23	24
28)	15	19	20	22	23	24
29)	16	17	18	19	20	21
30)	25	26	27	28	29	30
31)	25	26	27	31	32	33
32)	25	28	33	34	35	36
33)	26	29	30	34	35	36
34)	27	31	32	34	35	36
35)	28	29	30	31	32	33

For 42 Numbers in 55 Combinations

Note: See Chapter 6 for instructions how to use this wheel.

Prize Winning Power
3 if 3 = 9.40%
3 if 4 = 33.54%
3 if 5 = 65.41%
3 if 6 = 88.99%

4 if 4 = 0.74%
4 if 5 = 3.50%
4 if 6 = 9.92%

5 if 5 = 0.04%
5 if 6 = 0.23%

Combos	Pointer Numbers					
	(replace with your numbers)					
01)	1	2	3	4	5	6
02)	1	2	3	7	8	9
03)	1	4	9	10	11	12
04)	1	5	17	21	27	36
05)	1	6	16	23	33	35
06)	1	7	20	22	29	31
07)	1	8	15	18	28	32
08)	1	13	25	37	38	39
09)	1	14	26	40	41	42
10)	2	4	15	27	37	40
11)	2	5	6	10	11	12
12)	2	7	16	28	38	41
13)	2	8	17	29	39	42
14)	2	11	13	18	22	36
15)	2	12	19	24	26	35
16)	2	14	21	25	31	34
17)	3	4	18	30	38	42

18)	3	5	15	31	39	41
19)	3	6	20	26	32	36
20)	3	7	8	10	11	12
21)	3	8	22	27	35	41
22)	3	9	13	17	28	40
23)	3	10	14	16	29	37
24)	4	5	6	7	8	9
25)	4	10	13	19	33	41
26)	4	11	14	20	28	39
27)	5	7	19	32	37	42
28)	5	8	20	33	38	40
29)	6	7	18	34	39	40
30)	6	8	21	30	37	41
31)	6	9	14	19	27	38
32)	6	10	15	22	25	42
33)	7	14	24	30	33	36
34)	9	10	21	23	26	39
35)	9	11	16	24	31	42
36)	9	12	18	20	25	41
37)	10	17	24	32	34	38
38)	11	15	21	29	35	38
39)	11	17	22	26	33	37
40)	11	19	23	25	30	40
41)	12	13	23	27	34	42
42)	12	16	22	30	32	39
43)	12	23	31	36	37	38
44)	13	14	15	16	17	18
45)	13	14	15	19	20	21
46)	13	16	21	22	23	24
47)	14	17	18	22	23	24
48)	15	19	20	22	23	24
49)	16	17	18	19	20	21
50)	25	26	27	28	29	30
51)	25	26	27	31	32	33
52)	25	28	33	34	35	36
53)	26	29	30	34	35	36

54)   27   31   32   34   35   36

55)   28   29   30   31   32   33

For 48 Numbers in 75 Combinations

Note: See Chapter 6 for instructions how to use this wheel.

Prize Winning Power
3 if 3 = 8.51%
3 if 4 = 30.76%
3 if 5 = 61.40%
3 if 6 = 86.06%

4 if 4 = 0.58%
4 if 5 = 2.77%
4 if 6 = 7.91%

5 if 5 = 0.03%
5 if 6 = 0.15%

Combos	Pointer Numbers					
	(replace with your numbers)					
01)	1	2	3	4	5	6
02)	1	2	3	7	8	9
03)	1	4	9	10	11	12
04)	1	5	13	17	25	37
05)	1	6	14	16	26	38
06)	1	7	15	18	27	39
07)	1	8	19	22	28	40
08)	1	10	20	23	29	41
09)	1	11	21	24	30	42
10)	1	14	31	34	43	46
11)	1	15	32	36	44	48
12)	1	19	33	35	38	47
13)	2	4	13	18	26	40
14)	2	5	6	10	11	12
15)	2	7	14	19	25	41
16)	2	8	15	16	29	37
17)	2	9	17	20	27	38

18)	2	10	21	22	31	39
19)	2	11	23	28	32	43
20)	2	12	24	33	34	44
21)	3	4	14	20	28	37
22)	3	5	15	21	26	41
23)	3	6	13	19	27	42
24)	3	7	8	10	11	12
25)	3	9	16	22	25	43
26)	3	10	17	24	32	40
27)	3	11	18	29	31	38
28)	3	12	23	30	35	39
29)	4	5	6	7	8	9
30)	4	7	16	23	31	42
31)	4	8	17	21	33	43
32)	4	10	15	25	30	38
33)	4	11	19	34	39	45
34)	4	12	22	27	29	46
35)	5	7	20	22	30	44
36)	5	8	14	23	27	45
37)	5	9	18	19	32	46
38)	5	10	16	28	34	47
39)	5	24	29	35	43	48
40)	6	7	17	28	35	45
41)	6	8	18	20	25	47
42)	6	9	15	23	33	40
43)	6	11	22	36	37	41
44)	6	21	23	25	44	46
45)	7	10	13	33	36	46
46)	7	12	21	32	37	47
47)	8	12	13	31	41	48
48)	8	13	22	32	34	38
49)	8	24	26	28	39	46
50)	9	10	14	35	42	44
51)	9	18	30	34	37	48
52)	9	24	26	31	45	47
53)	10	19	23	26	37	48

54)	11	16	20	35	40	46
55)	12	20	26	36	42	43
56)	13	14	15	16	17	18
57)	13	14	15	19	20	21
58)	13	16	21	22	23	24
59)	14	17	18	22	23	24
60)	14	29	36	39	40	47
61)	15	19	20	22	23	24
62)	16	17	18	19	20	21
63)	16	27	30	33	41	45
64)	25	26	27	28	29	30
65)	25	26	27	31	32	33
66)	25	28	33	34	35	36
67)	26	29	30	34	35	36
68)	27	31	32	34	35	36
69)	28	29	30	31	32	33
70)	37	38	39	40	41	42
71)	37	38	39	43	44	45
72)	37	40	45	46	47	48
73)	38	41	42	46	47	48
74)	39	43	44	46	47	48
75)	40	41	42	43	44	45

For 49 Numbers in 75 Combinations

Note: See Chapter 6 for instructions how to use this wheel.

Prize Winning Power
3 if 3 = 7.99%
3 if 4 = 28.97%
3 if 5 = 58.60%
3 if 6 = 83.83%

4 if 4 = 0.53%
4 if 5 = 2.54%
4 if 6 = 7.28%

5 if 5 = 0.02%
5 if 6 = 0.14%

Combos	Pointer Numbers					
	(replace with your numbers)					
01)	1	2	3	4	5	6
02)	1	2	3	7	8	9
03)	1	4	9	10	11	12
04)	1	5	17	29	41	49
05)	1	6	13	20	30	43
06)	1	8	19	26	33	44
07)	1	10	22	31	36	39
08)	1	11	14	28	42	47
09)	1	19	32	34	38	48
10)	2	4	18	30	42	49
11)	2	5	6	10	11	12
12)	2	7	16	20	31	41
13)	2	9	15	17	28	38
14)	2	13	22	29	33	40
15)	2	14	19	35	37	43
16)	2	21	26	32	39	45
17)	3	4	22	32	41	43

18)	3	5	19	25	31	42
19)	3	6	14	26	38	49
20)	3	7	8	10	11	12
21)	3	9	21	27	36	44
22)	3	11	17	20	33	39
23)	3	23	28	34	37	49
24)	4	5	6	7	8	9
25)	4	8	16	25	35	39
26)	4	10	17	34	40	47
27)	4	11	13	24	31	44
28)	4	12	21	29	38	46
29)	5	7	21	24	33	43
30)	5	10	13	18	28	46
31)	5	12	15	30	34	39
32)	5	15	20	26	35	40
33)	5	16	32	36	47	49
34)	6	7	15	25	36	45
35)	6	17	24	35	42	46
36)	6	18	21	34	41	48
37)	6	19	22	27	40	47
38)	7	9	14	30	32	40
39)	7	13	19	27	39	49
40)	7	22	28	35	38	44
41)	8	12	17	22	30	37
42)	8	14	23	36	41	46
43)	8	15	21	31	43	49
44)	8	20	24	27	38	45
45)	9	11	16	22	34	46
46)	9	12	13	25	41	49
47)	9	17	23	26	31	48
48)	9	18	24	29	37	47
49)	10	14	16	29	45	48
50)	10	19	24	30	33	41
51)	10	20	25	32	37	44
52)	11	15	27	33	37	48
53)	11	18	23	25	38	40

54)	12	16	26	27	42	43
55)	12	23	33	35	45	47
56)	12	24	28	36	40	48
57)	13	14	15	16	17	18
58)	13	14	15	19	20	21
59)	13	16	21	22	23	24
60)	14	17	18	22	23	24
61)	15	19	20	22	23	24
62)	15	23	29	32	42	44
63)	16	17	18	19	20	21
64)	25	26	27	28	29	30
65)	25	26	27	31	32	33
66)	25	28	33	34	35	36
67)	26	29	30	34	35	36
68)	27	31	32	34	35	36
69)	28	29	30	31	32	33
70)	37	38	39	40	41	42
71)	37	38	39	43	44	45
72)	37	40	45	46	47	48
73)	38	41	42	46	47	48
74)	39	43	44	46	47	48
75)	40	41	42	43	44	45

For 50 Numbers in 80 Combinations

Note: See Chapter 6 for instructions how to use this wheel.

Prize Winning Power
3 if 3 = 8.02%
3 if 4 = 29.18%
3 if 5 = 59.06%
3 if 6 = 84.30%

4 if 4 = 0.52%
4 if 5 = 2.50%
4 if 6 = 7.16%

5 if 5 = 0.02%
5 if 6 = 0.13%

Combos	Pointer Numbers					
	(replace with your numbers)					
01)	1	2	3	4	5	6
02)	1	2	3	7	8	9
03)	1	4	9	10	11	12
04)	1	5	20	30	38	40
05)	1	6	22	35	41	48
06)	1	7	19	31	43	50
07)	1	12	13	17	26	44
08)	1	14	29	33	39	42
09)	1	21	23	32	37	46
10)	2	4	14	26	38	49
11)	2	5	6	10	11	12
12)	2	7	13	35	37	41
13)	2	9	17	30	33	43
14)	2	11	20	31	39	48
15)	2	15	18	25	29	46
16)	2	19	28	34	42	45
17)	2	22	27	36	40	50

18)	3	5	20	27	34	37
19)	3	6	15	16	33	38
20)	3	7	8	10	11	12
21)	3	9	20	32	44	50
22)	3	13	19	25	30	39
23)	3	14	31	35	45	46
24)	3	21	22	26	43	47
25)	3	23	28	40	48	49
26)	4	5	6	7	8	9
27)	4	10	24	27	29	47
28)	4	11	17	21	38	45
29)	4	12	20	35	42	43
30)	4	13	32	33	40	48
31)	4	15	22	30	37	44
32)	4	16	28	41	46	50
33)	5	7	21	24	25	44
34)	5	8	18	19	32	47
35)	5	10	14	15	28	43
36)	5	11	15	26	36	42
37)	5	17	29	41	49	50
38)	6	13	23	29	36	43
39)	6	17	24	31	40	46
40)	6	17	26	28	37	47
41)	6	18	30	42	49	50
42)	7	9	23	26	42	46
43)	7	13	18	27	28	38
44)	7	16	22	32	39	45
45)	7	20	33	36	47	49
46)	8	10	17	25	42	48
47)	8	11	16	29	35	40
48)	8	13	24	33	45	50
49)	8	15	21	27	39	49
50)	8	16	23	31	34	44
51)	9	10	21	31	36	41
52)	9	12	19	22	29	38
53)	9	14	16	25	37	49

54)	9	15	18	34	45	48
55)	10	13	22	34	46	49
56)	10	18	26	35	39	40
57)	11	14	19	27	33	44
58)	11	23	25	35	47	50
59)	11	24	32	34	41	43
60)	12	14	21	34	40	50
61)	12	16	24	36	37	48
62)	12	23	27	30	41	45
63)	13	14	15	16	17	18
64)	13	14	15	19	20	21
65)	13	16	21	22	23	24
66)	14	17	18	22	23	24
67)	15	19	20	22	23	24
68)	16	17	18	19	20	21
69)	25	26	27	28	29	30
70)	25	26	27	31	32	33
71)	25	28	33	34	35	36
72)	26	29	30	34	35	36
73)	27	31	32	34	35	36
74)	28	29	30	31	32	33
75)	37	38	39	40	41	42
76)	37	38	39	43	44	45
77)	37	40	45	46	47	48
78)	38	41	42	46	47	48
79)	39	43	44	46	47	48
80)	40	41	42	43	44	45

For 51 Numbers in 85 Combinations

Note: See Chapter 6 for instructions how to use this wheel.

Prize Winning Power
3 if 3 = 8.03%
3 if 4 = 29.29%
3 if 5 = 59.33%
3 if 6 = 84.59%

4 if 4 = 0.51%
4 if 5 = 2.45%
4 if 6 = 7.03%

5 if 5 = 0.02%
5 if 6 = 0.13%

Combos	Pointer Numbers					
	(replace with your numbers)					
01)	1	2	3	4	5	6
02)	1	2	3	7	8	9
03)	1	4	9	10	11	12
04)	1	5	14	21	35	38
05)	1	7	19	31	39	51
06)	1	8	15	36	48	49
07)	1	10	17	25	32	41
08)	1	11	16	29	34	45
09)	1	12	13	22	30	46
10)	1	12	18	28	42	43
11)	2	4	17	30	38	40
12)	2	5	6	10	11	12
13)	2	7	15	18	25	45
14)	2	10	16	27	41	48
15)	2	11	20	28	40	47
16)	2	12	19	35	44	50
17)	2	14	26	42	49	51

18)	2	21	31	36	37	50
19)	2	23	32	34	39	43
20)	3	5	17	22	36	45
21)	3	7	8	10	11	12
22)	3	9	19	29	37	43
23)	3	10	21	33	42	46
24)	3	13	17	28	31	41
25)	3	14	30	32	39	47
26)	3	15	27	38	50	51
27)	3	18	24	26	40	48
28)	4	5	6	7	8	9
29)	4	8	16	19	26	47
30)	4	13	25	36	37	39
31)	4	15	24	31	34	46
32)	4	21	28	45	48	50
33)	4	22	35	41	43	51
34)	5	10	13	19	27	40
35)	5	11	24	30	37	42
36)	5	12	23	26	34	41
37)	5	15	16	30	33	43
38)	5	17	29	49	50	51
39)	6	7	24	28	34	38
40)	6	12	14	27	36	45
41)	6	12	15	29	39	40
42)	6	16	28	32	46	51
43)	6	17	23	33	37	48
44)	6	18	30	41	49	50
45)	6	22	25	31	42	47
46)	7	13	29	35	42	48
47)	7	14	16	33	40	50
48)	7	20	26	36	44	46
49)	7	21	27	43	47	49
50)	8	13	20	32	43	50
51)	8	14	18	28	35	37
52)	8	21	24	29	41	44
53)	8	22	27	33	39	46

54)	8	23	30	31	45	51
55)	9	11	17	26	39	50
56)	9	12	24	36	47	51
57)	9	14	20	25	34	48
58)	9	15	21	26	32	40
59)	9	16	23	27	42	44
60)	9	19	33	41	45	49
61)	10	18	23	29	36	38
62)	10	20	24	35	39	45
63)	10	22	34	37	44	49
64)	11	13	18	33	44	51
65)	11	19	22	32	38	48
66)	11	23	25	35	46	49
67)	12	16	20	31	38	49
68)	13	14	15	16	17	18
69)	13	14	15	19	20	21
70)	13	16	21	22	23	24
71)	14	17	18	22	23	24
72)	15	19	20	22	23	24
73)	16	17	18	19	20	21
74)	25	26	27	28	29	30
75)	25	26	27	31	32	33
76)	25	28	33	34	35	36
77)	26	29	30	34	35	36
78)	27	31	32	34	35	36
79)	28	29	30	31	32	33
80)	37	38	39	40	41	42
81)	37	38	39	43	44	45
82)	37	40	45	46	47	48
83)	38	41	42	46	47	48
84)	39	43	44	46	47	48
85)	40	41	42	43	44	45

For 53 Numbers in 95 Combinations

Note: See Chapter 6 for instructions how to use this wheel.

Prize Winning Power
3 if 3 = 8.00%
3 if 4 = 29.32%
3 if 5 = 59.57%
3 if 6 = 84.94%

4 if 4 = 0.49%
4 if 5 = 2.34%
4 if 6 = 6.74%

5 if 5 = 0.02%
5 if 6 = 0.12%

Combos	Pointer Numbers (replace with your numbers)					
01)	1	2	3	4	5	6
02)	1	2	3	7	8	9
03)	1	2	21	23	28	44
04)	1	4	9	10	11	12
05)	1	7	24	33	45	51
06)	1	8	19	31	43	49
07)	1	13	14	27	38	45
08)	1	15	17	32	36	47
09)	1	16	29	34	42	53
10)	1	18	25	37	50	52
11)	1	22	26	35	40	48
12)	2	5	6	10	11	12
13)	2	7	20	28	31	37
14)	2	8	22	36	45	53
15)	2	9	16	26	43	46
16)	2	11	17	29	39	48
17)	2	14	19	33	39	50

18)	2	15	34	38	40	49
19)	2	18	30	42	51	52
20)	3	4	24	31	47	50
21)	3	5	18	28	45	48
22)	3	6	21	33	35	42
23)	3	7	8	10	11	12
24)	3	9	20	22	30	39
25)	3	12	16	36	44	49
26)	3	13	19	29	46	52
27)	3	14	26	38	51	53
28)	3	15	32	37	46	53
29)	4	5	6	7	8	9
30)	4	8	23	27	41	46
31)	4	10	15	29	35	45
32)	4	11	18	19	36	38
33)	4	13	17	30	43	53
34)	4	14	16	28	40	52
35)	4	20	24	26	34	44
36)	4	21	25	32	39	49
37)	5	7	13	22	31	42
38)	5	9	19	27	42	44
39)	5	12	17	33	40	46
40)	5	14	24	29	32	43
41)	5	16	30	35	37	41
42)	5	20	23	29	38	47
43)	5	49	50	51	52	53
44)	6	9	18	31	40	53
45)	6	10	16	22	25	38
46)	6	11	13	23	26	37
47)	6	15	33	43	48	52
48)	6	17	29	41	49	50
49)	6	19	30	34	45	47
50)	6	20	36	39	46	51
51)	7	9	17	25	41	45
52)	7	14	30	44	46	49
53)	7	15	27	39	52	53

54)	7	16	19	32	40	51
55)	7	23	36	38	43	50
56)	8	9	13	28	47	51
57)	8	14	20	25	42	48
58)	8	17	24	35	38	52
59)	8	18	29	33	37	44
60)	8	23	30	39	40	50
61)	9	11	23	32	45	52
62)	9	24	36	37	48	49
63)	10	13	20	32	44	50
64)	10	14	31	33	36	41
65)	10	17	23	34	48	51
66)	10	18	28	35	46	49
67)	10	21	24	27	36	40
68)	10	21	26	41	47	52
69)	11	15	25	31	44	51
70)	11	19	24	28	41	53
71)	11	20	27	33	47	49
72)	11	21	22	34	46	50
73)	12	13	18	34	39	41
74)	12	15	26	28	42	50
75)	12	21	30	31	38	48
76)	12	22	27	37	43	51
77)	12	23	25	35	47	53
78)	13	14	15	16	17	18
79)	13	14	15	19	20	21
80)	13	16	21	22	23	24
81)	14	17	18	22	23	24
82)	15	19	20	22	23	24
83)	16	17	18	19	20	21
84)	25	26	27	28	29	30
85)	25	26	27	31	32	33
86)	25	28	33	34	35	36
87)	26	29	30	34	35	36
88)	27	31	32	34	35	36
89)	28	29	30	31	32	33

90)	37	38	39	40	41	42
91)	37	38	39	43	44	45
92)	37	40	45	46	47	48
93)	38	41	42	46	47	48
94)	39	43	44	46	47	48
95)	40	41	42	43	44	45

Chapter 8 – Positional Pick-6 Wheels (Front Loaded Wheels)

For 18 Numbers in 30 Combinations

Note: See Chapter 6 for instructions how to use this wheel.

Prize Winning Power
3 if 3 = 62.25%
3 if 4 = 91.27%
3 if 5 = 98.95%
3 if 6 = 99.92%

4 if 4 = 14.02%
4 if 5 = 54.20%
4 if 6 = 88.44%

5 if 5 = 2.03%
5 if 6 = 11.27%

Combos	Pointer Numbers (replace with your numbers)					
01)	1	4	7	10	13	16
02)	1	4	8	11	14	17
03)	1	4	9	12	15	18
04)	1	5	7	11	15	16
05)	1	5	8	12	13	17
06)	1	5	9	10	14	18
07)	1	6	7	12	14	16
08)	1	6	8	10	15	17
09)	1	6	9	11	13	18
10)	2	4	7	12	15	17
11)	2	4	8	10	13	18
12)	2	4	9	11	14	16
13)	2	5	7	10	14	17

14)	2	5	8	11	14	17
15)	2	5	8	11	15	18
16)	2	5	9	12	13	16
17)	2	6	7	11	13	17
18)	2	6	8	12	14	18
19)	2	6	9	10	15	16
20)	3	4	7	11	14	18
21)	3	4	8	12	15	16
22)	3	4	9	10	13	17
23)	3	5	7	12	13	18
24)	3	5	8	10	14	16
25)	3	5	9	11	15	17
26)	3	6	7	10	15	18
27)	3	6	8	11	13	16
28)	3	6	9	12	14	17
29)	3	6	9	12	15	18
30)	1	2	3	10	11	12

For 24 Numbers in 73 Combinations

Note: See Chapter 6 for instructions how to use this wheel.

Prize Winning Power
3 if 3 = 58.64%
3 if 4 = 87.80%
3 if 5 = 97.52%
3 if 6 = 99.67%

4 if 4 = 9.28%
4 if 5 = 38.14%
4 if 6 = 74.56%

5 if 5 = 0.94%
5 if 6 = 5.36%

Combos	Pointer Numbers					
	(replace with your numbers)					
01)	1	5	9	13	17	21
02)	1	5	10	14	18	22
03)	1	5	11	15	19	23
04)	1	5	12	16	20	24
05)	1	6	9	14	19	23
06)	1	6	10	13	20	24
07)	1	6	11	16	17	21
08)	1	6	12	15	18	22
09)	1	7	9	15	20	24
10)	1	7	10	16	19	23
11)	1	7	11	13	18	22
12)	1	7	12	14	17	21
13)	1	8	9	16	18	22
14)	1	8	10	15	17	21
15)	1	8	11	14	20	24
16)	1	8	12	13	19	23
17)	2	5	9	14	19	24

18)	2	5	10	13	20	23
19)	2	5	11	16	17	22
20)	2	5	12	15	18	21
21)	2	6	9	13	17	22
22)	2	6	10	14	18	21
23)	2	6	10	14	18	22
24)	2	6	11	15	19	24
25)	2	6	12	16	20	23
26)	2	7	9	16	18	21
27)	2	7	10	15	17	22
28)	2	7	11	14	20	23
29)	2	7	12	13	19	24
30)	2	8	9	15	20	23
31)	2	8	10	16	19	24
32)	2	8	11	13	18	21
33)	2	8	12	14	17	22
34)	3	5	9	15	20	22
35)	3	5	10	16	19	21
36)	3	5	11	13	18	24
37)	3	5	12	14	17	23
38)	3	6	9	16	18	24
39)	3	6	10	15	17	23
40)	3	6	11	14	20	22
41)	3	6	12	13	19	21
42)	3	7	9	13	17	23
43)	3	7	10	14	18	24
44)	3	7	11	15	19	21
45)	3	7	11	15	19	23
46)	3	7	12	16	20	22
47)	3	8	9	14	19	21
48)	3	8	10	13	20	22
49)	3	8	11	16	17	23
50)	3	8	12	15	18	24
51)	4	5	9	16	18	23
52)	4	5	10	15	17	24
53)	4	5	11	14	20	21

54)	4	5	12	13	19	22
55)	4	6	9	15	20	21
56)	4	6	10	16	19	22
57)	4	6	11	13	18	23
58)	4	6	12	14	17	24
59)	4	7	9	14	19	22
60)	4	7	10	13	20	21
61)	4	7	11	16	17	24
62)	4	7	12	15	18	23
63)	4	8	9	13	17	24
64)	4	8	10	14	18	23
65)	4	8	11	15	19	22
66)	4	8	12	16	20	21
67)	4	8	12	16	20	24
68)	1	2	3	4	10	15
69)	1	4	21	22	23	24
70)	2	3	17	18	19	20
71)	3	5	6	7	8	12
72)	9	10	11	12	17	19
73)	13	14	15	16	18	20

For 30 Numbers in 140 Combinations

Note: See Chapter 6 for instructions how to use this wheel.

Prize Winning Power
3 if 3 = 58.76%
3 if 4 = 87.37%
3 if 5 = 96.88%
3 if 6 = 99.41%

4 if 4 = 7.01%
4 if 5 = 30.93%
4 if 6 = 65.94%

5 if 5 = 0.54%
5 if 6 = 3.14%

Combos	Pointer Numbers					
	(replace with your numbers)					
01)	1	6	11	16	21	26
02)	1	6	12	17	22	27
03)	1	6	12	20	25	30
04)	1	6	13	18	23	28
05)	1	6	14	19	24	29
06)	1	7	11	17	23	29
07)	1	7	12	18	24	30
08)	1	7	13	19	25	26
09)	1	7	14	20	21	27
10)	1	7	15	16	22	28
11)	1	8	11	18	25	27
12)	1	8	12	19	21	28
13)	1	8	13	20	22	29
14)	1	8	14	16	23	30
15)	1	8	15	17	24	26
16)	1	9	11	19	22	30
17)	1	9	12	20	23	26

18)	1	9	13	16	24	27
19)	1	9	14	17	25	28
20)	1	9	15	18	21	29
21)	1	10	11	20	24	28
22)	1	10	12	16	25	29
23)	1	10	13	17	21	30
24)	1	10	14	18	22	26
25)	1	10	15	19	23	27
26)	2	6	11	17	25	29
27)	2	6	12	18	21	30
28)	2	6	13	19	22	26
29)	2	6	14	20	23	27
30)	2	6	15	16	24	28
31)	2	7	11	18	22	27
32)	2	7	12	17	22	27
33)	2	7	12	19	23	28
34)	2	7	13	20	24	29
35)	2	7	14	16	25	30
36)	2	7	15	17	21	26
37)	2	8	11	19	24	30
38)	2	8	12	20	25	26
39)	2	8	13	16	21	27
40)	2	8	14	17	22	28
41)	2	8	15	18	23	29
42)	2	9	11	20	21	28
43)	2	9	12	16	22	29
44)	2	9	13	17	23	30
45)	2	9	14	18	24	26
46)	2	9	15	19	25	27
47)	2	10	11	16	23	26
48)	2	10	12	17	24	27
49)	2	10	13	18	25	29
50)	2	10	14	19	21	29
51)	2	10	15	20	22	30
52)	3	6	11	18	24	27
53)	3	6	12	19	25	28

54)	3	6	13	20	21	29
55)	3	6	14	16	22	30
56)	3	6	15	17	23	26
57)	3	7	11	19	21	30
58)	3	7	12	20	22	26
59)	3	7	13	16	23	27
60)	3	7	14	17	24	28
61)	3	7	15	18	25	29
62)	3	8	11	20	23	28
63)	3	8	12	16	24	29
64)	3	8	13	17	25	30
65)	3	8	13	18	23	28
66)	3	8	14	18	21	26
67)	3	8	15	19	22	27
68)	3	9	11	16	25	26
69)	3	9	12	17	21	27
70)	3	9	13	18	22	28
71)	3	9	14	19	23	29
72)	3	9	15	20	24	30
73)	3	10	11	17	22	29
74)	3	10	12	18	23	30
75)	3	10	13	19	24	26
76)	3	10	14	20	25	27
77)	3	10	15	16	21	28
78)	4	6	11	19	23	30
79)	4	6	12	20	24	26
80)	4	6	13	16	25	27
81)	4	6	14	17	21	28
82)	4	6	15	18	22	29
83)	4	7	11	20	25	28
84)	4	7	12	16	21	29
85)	4	7	13	17	22	30
86)	4	7	14	18	23	26
87)	4	7	15	19	24	27
88)	4	8	11	16	22	26
89)	4	8	12	17	23	27

90)	4	8	13	18	24	28
91)	4	8	14	19	25	29
92)	4	8	15	20	21	30
93)	4	9	11	17	24	29
94)	4	9	12	18	25	30
95)	4	9	13	19	21	26
96)	4	9	14	19	24	29
97)	4	9	14	20	22	27
98)	4	9	15	16	23	28
99)	4	10	11	18	21	27
100)	4	10	12	19	22	28
101)	4	10	13	20	23	29
102)	4	10	14	16	24	30
103)	4	10	15	17	25	26
104)	5	6	11	20	22	28
105)	5	6	12	16	23	29
106)	5	6	13	17	24	30
107)	5	6	14	18	25	26
108)	5	6	15	19	21	27
109)	5	7	11	16	24	26
110)	5	7	12	17	25	27
111)	5	7	13	18	21	28
112)	5	7	14	19	22	29
113)	5	7	15	20	23	30
114)	5	8	11	17	21	29
115)	5	8	12	18	22	30
116)	5	8	13	19	23	26
117)	5	8	14	20	24	27
118)	5	8	15	16	25	28
119)	5	9	11	18	23	27
120)	5	9	12	19	24	28
121)	5	9	13	20	25	29
122)	5	9	14	16	21	30
123)	5	9	15	17	22	26
124)	5	10	11	19	25	30
125)	5	10	12	20	21	26

126)	5	10	13	16	22	27
127)	5	10	14	17	23	28
128)	5	10	15	18	24	29
129)	5	10	15	20	25	30
130)	1	2	3	4	5	6
131)	1	6	7	8	9	10
132)	6	11	12	13	14	15
133)	6	21	22	23	24	25
134)	11	12	13	17	20	29
135)	11	14	16	18	26	30
136)	11	26	27	28	29	30
137)	12	13	14	19	26	28
138)	12	13	15	16	27	30
139)	14	17	18	20	27	29
140)	15	16	17	18	19	20

Chapter 9 – Balanced Wheels

For 9 Numbers in 3 Combinations

Note: See Chapter 6 for instructions how to use this wheel.

Prize Winning Power
3 if 3 = 67.86%
3 if 4 = 100.0%
3 if 5 = 100.0%
3 if 6 = 100.0%

4 if 4 = 35.71%
4 if 5 = 100.0%
4 if 6 = 100.0%

5 if 5 = 14.28%
5 if 6 = 67.86%

Combos	Pointer Numbers					
	(replace with your numbers)					
01)	1	2	3	7	8	9
02)	1	4	5	6	7	8
03)	2	3	4	5	6	9

For 12 Numbers in 6 Combinations

Note: See Chapter 6 for instructions how to use this wheel.

Prize Winning Power
3 if 3 = 51.36%
3 if 4 = 95.15%
3 if 5 = 100.0%
3 if 6 = 100.0%

4 if 4 = 18.18%
4 if 5 = 63.64%
4 if 6 = 100.0%

5 if 5 = 4.54%
5 if 6 = 24.02%

Combos	Pointer Numbers (replace with your numbers)					
01)	1	2	3	5	7	8
02)	1	3	4	6	10	12
03)	1	4	5	8	9	11
04)	2	3	4	7	9	11
05)	2	5	6	7	10	12
06)	6	8	9	10	11	12

For 13 Numbers in 12 Combinations

Note: See Chapter 6 for instructions how to use this wheel.

Prize Winning Power
3 if 3 = 67.83%
3 if 4 = 99.58%
3 if 5 = 100.0%
3 if 6 = 100.0%

4 if 4 = 24.05%
4 if 5 = 76.53%
4 if 6 = 100.0%

5 if 5 = 5.52%
5 if 6 = 28.61%

Combos	Pointer Numbers					
	(replace with your numbers)					
01)	1	2	3	5	8	12
02)	1	2	4	7	9	13
03)	1	3	6	8	9	11
04)	1	4	5	7	10	11
05)	1	6	9	10	12	13
06)	2	3	6	8	10	13
07)	2	4	5	9	10	11
08)	2	5	9	10	11	13
09)	2	6	7	10	11	12
10)	3	4	5	6	7	8
11)	3	7	8	11	12	13
12)	4	5	6	9	10	12

For 14 Numbers in 9 Combinations

Note: See Chapter 6 for instructions how to use this wheel.

Prize Winning Power
Prize winning power not available.

Combos	Pointer Numbers					
	(replace with your numbers)					
01)	1	2	6	7	13	14
02)	1	3	5	6	11	12
03)	1	3	5	9	10	13
04)	1	4	9	10	12	14
05)	2	4	5	7	10	11
06)	2	4	6	8	11	12
07)	2	5	8	9	12	13
08)	3	4	6	7	8	9
09)	3	8	10	11	13	14

For 14 Numbers in 12 Combinations

Note: See Chapter 6 for instructions how to use this wheel.

Prize Winning Power
3 if 3 = 59.89%
3 if 4 = 98.60%
3 if 5 = 100.0%
3 if 6 = 100.0%

4 if 4 = 17.98%
4 if 5 = 65.53%
4 if 6 = 97.40%

5 if 5 = 3.60%
5 if 6 = 19.58%

Combos	Pointer Numbers (replace with your numbers)					
01)	1	2	3	10	11	14
02)	1	2	5	6	7	9
03)	1	3	5	7	12	13
04)	1	4	6	11	12	14
05)	1	4	8	9	10	13
06)	2	3	6	9	12	13
07)	2	4	7	9	11	14
08)	2	5	8	10	11	12
09)	3	4	5	11	13	14
10)	3	6	7	8	10	14
11)	4	5	6	7	10	13
12)	5	7	8	9	12	14

For 14 Numbers in 15 Combinations

Note: See Chapter 6 for instructions how to use this wheel.

Prize Winning Power
3 if 3 = 69.50%
3 if 4 = 99.90%
3 if 5 = 100.0%
3 if 6 = 100.0%

4 if 4 = 22.18%
4 if 5 = 75.52%
4 if 6 = 99.67%

5 if 5 = 4.49%
5 if 6 = 24.07%

Combos	Pointer Numbers					
	(replace with your numbers)					
01)	1	2	5	6	9	11
02)	1	2	6	10	13	14
03)	1	2	9	10	11	12
04)	1	3	4	7	8	11
05)	1	3	6	7	12	14
06)	1	4	5	8	12	13
07)	2	3	6	7	8	12
08)	2	3	8	9	13	14
09)	2	4	6	8	11	14
10)	2	5	7	8	10	14
11)	3	4	5	6	9	10
12)	3	5	7	10	11	13
13)	4	6	7	9	11	13
14)	4	8	10	12	13	14
15)	5	7	9	11	12	14

For 15 Numbers in 12 Combinations

Note: See Chapter 6 for instructions how to use this wheel.

Prize Winning Power
3 if 3 = 48.35%
3 if 4 = 94.21%
3 if 5 = 100.0%
3 if 6 = 100.0%

4 if 4 = 13.19%
4 if 5 = 50.02%
4 if 6 = 89.59%

5 if 5 = 2.40%
5 if 6 = 13.19%

Combos	Pointer Numbers (replace with your numbers)					
01)	1	2	3	6	10	11
02)	1	4	8	10	12	13
03)	1	4	11	13	14	15
04)	1	5	6	9	13	15
05)	1	5	7	9	12	14
06)	2	3	4	6	12	15
07)	2	3	5	7	8	11
08)	2	3	6	8	13	14
09)	4	5	7	9	11	13
10)	4	6	7	9	10	14
11)	5	7	8	9	10	15
12)	8	10	11	12	14	15

For 15 Numbers in 15 Combinations

Note: See Chapter 6 for instructions how to use this wheel.

Prize Winning Power
3 if 3 = 57.80%
3 if 4 = 98.31%
3 if 5 = 100.0%
3 if 6 = 100.0%

4 if 4 = 16.41%
4 if 5 = 59.54%
4 if 6 = 95.46%

5 if 5 = 3.00%
5 if 6 = 16.40%

Combos	Pointer Numbers					
	(replace with your numbers)					
01)	1	2	4	7	11	12
02)	1	2	10	11	13	14
03)	1	3	4	9	11	14
04)	1	3	6	11	13	15
05)	1	5	7	9	11	13
06)	1	8	11	12	14	15
07)	2	3	4	12	13	15
08)	2	3	5	6	8	14
09)	2	3	8	9	10	15
10)	2	5	6	7	9	15
11)	3	5	6	7	10	12
12)	4	5	6	7	8	13
13)	4	6	7	10	14	15
14)	4	8	9	10	12	13
15)	5	6	9	10	12	14

For 16 Numbers in 15 Combinations

Note: See Chapter 6 for instructions how to use this wheel.

Prize Winning Power
3 if 3 = 49.82%
3 if 4 = 95.22%
3 if 5 = 100.0%
3 if 6 = 100.0%

4 if 4 = 12.36%
4 if 5 = 49.11%
4 if 6 = 88.82%

5 if 5 = 2.06%
5 if 6 = 11.43%

Combos	Pointer Numbers					
	(replace with your numbers)					
01)	1	2	3	4	5	8
02)	1	2	7	11	13	14
03)	1	3	7	9	12	16
04)	1	4	8	9	10	13
05)	1	5	11	12	14	15
06)	1	6	8	14	15	16
07)	2	3	4	10	11	15
08)	2	5	6	9	10	16
09)	2	5	7	12	13	15
10)	2	6	8	12	13	16
11)	3	4	5	9	10	14
12)	3	6	9	11	13	15
13)	3	8	10	13	14	16
14)	4	6	7	10	12	14
15)	5	6	7	8	11	16

For 17 Numbers in 15 Combinations

Note: See Chapter 6 for instructions how to use this wheel.

Prize Winning Power
3 if 3 = 41.91%
3 if 4 = 90.13%
3 if 5 = 99.77%
3 if 6 = 100.0%

4 if 4 = 9.45%
4 if 5 = 39.14%
4 if 6 = 78.52%

5 if 5 = 1.45%
5 if 6 = 8.12%

Combos	Pointer Numbers (replace with your numbers)					
01)	1	2	3	5	8	14
02)	1	2	4	6	12	17
03)	1	3	4	5	6	11
04)	1	5	6	7	10	16
05)	1	6	9	11	13	14
06)	2	4	5	9	15	16
07)	2	7	8	9	12	13
08)	2	7	10	11	13	17
09)	2	10	13	14	15	16
10)	3	4	6	13	15	17
11)	3	4	7	10	12	14
12)	3	5	11	12	13	16
13)	7	11	14	15	16	17
14)	8	9	10	11	12	15
15)	8	9	12	14	16	17

For 17 Numbers in 18 Combinations

Note: See Chapter 6 for instructions how to use this wheel.

Prize Winning Power
Prize winning power not available.

Combos	Pointer Numbers (replace with your numbers)					
01)	1	2	3	5	6	11
02)	1	2	4	7	16	17
03)	1	3	5	7	13	15
04)	1	4	9	10	12	15
05)	1	5	8	10	14	16
06)	1	6	8	11	12	17
07)	1	7	9	11	13	14
08)	2	3	9	10	14	17
09)	2	4	6	13	14	15
10)	2	5	8	9	12	13
11)	2	7	8	10	11	15
12)	3	4	6	7	8	9
13)	3	4	11	12	14	16
14)	3	8	13	15	16	17
15)	4	5	10	11	13	17
16)	5	6	9	11	15	16
17)	5	7	12	14	15	17
18)	6	7	10	12	13	16

For 18 Numbers in 15 Combinations

Note: See Chapter 6 for instructions how to use this wheel.

Prize Winning Power
3 if 3 = 35.42%
3 if 4 = 84.05%
3 if 5 = 99.17%
3 if 6 = 99.99%

4 if 4 = 7.35%
4 if 5 = 31.30%
4 if 6 = 68.04%

5 if 5 = 1.05%
5 if 6 = 5.90%

Combos	Pointer Numbers					
	(replace with your numbers)					
01)	1	2	3	15	17	18
02)	1	2	4	10	12	13
03)	1	4	6	8	15	16
04)	1	6	8	11	12	17
05)	2	3	7	8	11	13
06)	2	5	6	8	9	14
07)	3	4	5	9	10	11
08)	3	4	5	13	14	15
09)	3	5	7	10	16	18
10)	3	6	9	12	16	17
11)	4	7	11	14	16	18
12)	5	6	10	13	17	18
13)	7	8	10	12	15	17
14)	7	9	13	15	16	18
15)	9	10	11	13	14	15

For 18 Numbers in 24 Combinations

Note: See Chapter 6 for instructions how to use this wheel.

Prize Winning Power
Prize winning power not available.

Combos	Pointer Numbers (replace with your numbers)					
01)	1	2	3	9	10	17
02)	1	2	4	6	13	14
03)	1	2	12	15	16	18
04)	1	3	5	7	13	18
05)	1	4	5	8	10	15
06)	1	4	8	11	13	18
07)	1	6	8	11	12	17
08)	1	7	9	11	14	16
09)	2	3	5	6	12	18
10)	2	3	7	11	13	15
11)	2	4	7	16	17	18
12)	2	5	8	9	12	13
13)	2	7	8	10	11	14
14)	3	4	6	7	8	9
15)	3	4	11	12	14	16
16)	3	6	10	14	15	18
17)	3	8	13	15	16	17
18)	4	5	10	11	13	17
19)	4	9	10	12	15	18
20)	5	6	9	11	15	16
21)	5	7	12	14	15	17
22)	5	8	10	14	16	18
23)	6	7	10	12	13	16
24)	6	9	13	14	17	18

For 20 Numbers in 15 Combinations

Note: See Chapter 6 for instructions how to use this wheel.

Prize Winning Power
3 if 3 = 25.70%
3 if 4 = 70.01%
3 if 5 = 95.51%
3 if 6 = 99.87%

4 if 4 = 4.64%
4 if 5 = 20.43%
4 if 6 = 49.14%

5 if 5 = 0.58%
5 if 6 = 3.29%

Combos	Pointer Numbers					
	(replace with your numbers)					
01)	1	2	9	11	14	19
02)	1	4	5	6	15	17
03)	1	4	7	10	16	20
04)	1	7	8	10	12	15
05)	2	3	5	8	10	14
06)	2	8	13	18	19	20
07)	2	9	12	13	16	17
08)	3	4	9	10	13	18
09)	3	7	11	13	14	16
10)	3	11	12	17	18	19
11)	4	8	12	15	16	20
12)	5	6	7	8	12	17
13)	5	6	10	16	17	20
14)	6	7	9	14	15	18
15)	6	10	11	13	15	19

For 20 Numbers in 39 Combinations

Note: See Chapter 6 for instructions how to use this wheel.

Prize Winning Power
Prize winning power not available.

Combos	Pointer Numbers					
	(replace with your numbers)					
01)	1	2	4	9	13	17
02)	1	2	8	10	11	14
03)	1	2	12	15	16	20
04)	1	3	5	8	11	20
05)	1	3	5	14	16	18
06)	1	3	9	12	17	19
07)	1	4	5	6	16	19
08)	1	4	8	13	18	19
09)	1	5	7	14	15	17
10)	1	6	7	10	12	13
11)	1	6	10	11	16	17
12)	1	7	9	11	18	20
13)	2	3	5	6	12	17
14)	2	3	6	10	15	18
15)	2	3	7	11	13	19
16)	2	4	5	6	14	20
17)	2	4	7	8	16	18
18)	2	5	8	9	12	13
19)	2	7	9	10	14	16
20)	2	11	15	17	18	19
21)	3	4	6	7	8	9
22)	3	4	10	15	19	20
23)	3	4	11	12	14	16
24)	3	5	9	10	13	20
25)	3	8	13	15	16	17
26)	3	8	14	17	18	20

27)	4	5	7	10	11	17
28)	4	9	10	12	15	18
29)	4	11	13	14	15	20
30)	5	6	9	11	15	16
31)	5	7	12	18	19	20
32)	5	8	10	12	15	18
33)	6	7	8	14	15	19
34)	6	8	11	12	17	20
35)	6	9	11	14	18	19
36)	6	13	16	17	18	20
37)	7	9	13	15	16	19
38)	8	9	10	16	19	20
39)	10	12	13	14	17	19

For 22 Numbers in 15 Combinations

Note: See Chapter 6 for instructions how to use this wheel.

Prize Winning Power
3 if 3 = 19.02%
3 if 4 = 57.02%
3 if 5 = 88.39%
3 if 6 = 98.87%

4 if 4 = 3.07%
4 if 5 = 13.74%
4 if 6 = 34.93%

5 if 5 = 0.34%
5 if 6 = 1.95%
start

Combos	Pointer Numbers (replace with your numbers)					
01)	1	2	4	7	12	14
02)	1	2	11	13	16	17
03)	1	5	8	12	18	19
04)	1	6	9	13	20	22
05)	2	3	5	6	15	20
06)	3	4	8	9	11	22
07)	3	5	10	13	21	22
08)	3	7	13	17	19	21
09)	3	9	15	17	18	21
10)	4	14	16	19	20	21
11)	5	7	9	13	15	18
12)	5	7	10	17	19	22
13)	6	7	8	11	16	20
14)	6	8	10	12	14	17
15)	9	10	15	18	19	22

For 22 Numbers in 58 Combinations

Note: See Chapter 6 for instructions how to use this wheel.

Prize Winning Power
Prize winning power not available.

Combos	Pointer Numbers					
	(replace with your numbers)					
01)	1	2	3	7	11	13
02)	1	2	4	10	12	18
03)	1	2	5	6	14	20
04)	1	2	8	9	15	16
05)	1	3	5	8	11	18
06)	1	3	7	16	18	20
07)	1	3	9	12	19	21
08)	1	4	5	16	19	22
09)	1	4	8	9	13	14
10)	1	5	6	12	13	15
11)	1	6	7	8	17	19
12)	1	6	10	11	16	21
13)	1	7	14	15	17	22
14)	1	9	11	18	20	22
15)	1	10	15	17	20	21
16)	2	3	4	17	19	20
17)	2	3	6	8	10	14
18)	2	3	6	15	18	21
19)	2	4	8	11	12	22
20)	2	4	13	20	21	22
21)	2	5	8	12	17	21
22)	2	5	9	13	15	19
23)	2	6	13	16	17	18
24)	2	7	9	10	14	21
25)	2	7	11	15	17	20
26)	2	7	14	18	19	22

27)	2	11	16	17	19	21
28)	2	12	15	16	20	22
29)	3	4	5	6	12	16
30)	3	4	11	14	15	21
31)	3	5	7	8	9	22
32)	3	5	9	10	13	20
33)	3	5	9	14	16	17
34)	3	8	12	14	15	19
35)	3	8	13	16	17	22
36)	3	10	11	15	19	22
37)	3	10	12	17	18	22
38)	4	5	6	10	19	21
39)	4	5	7	10	11	17
40)	4	6	7	9	15	20
41)	4	6	9	17	21	22
42)	4	7	8	16	18	21
43)	4	8	10	13	15	18
44)	4	9	12	15	17	18
45)	4	11	13	14	16	20
46)	5	6	8	11	15	22
47)	5	7	12	18	19	20
48)	5	10	14	15	16	18
49)	5	13	14	18	21	22
50)	6	7	10	12	13	22
51)	6	8	14	17	18	20
52)	6	9	11	13	18	19
53)	6	14	19	20	21	22
54)	7	9	11	12	14	16
55)	7	13	15	16	19	21
56)	8	9	10	16	19	20
57)	8	11	12	13	20	21
58)	10	12	13	14	17	19

For 24 Numbers in 15 Combinations

Note: See Chapter 6 for instructions how to use this wheel.

Prize Winning Power
3 if 3 = 14.48%
3 if 4 = 46.39%
3 if 5 = 79.25%
3 if 6 = 95.96%

4 if 4 = 2.12%
4 if 5 = 9.57%
4 if 6 = 25.21%

5 if 5 = 0.21%
5 if 6 = 1.21%

Combos	Pointer Numbers (replace with your numbers)					
01)	1	4	6	8	17	21
02)	1	5	11	15	19	24
03)	1	12	13	18	20	21
04)	2	3	7	8	11	20
05)	2	3	9	14	16	18
06)	2	4	9	12	19	22
07)	2	5	6	7	11	18
08)	2	10	13	14	17	24
09)	3	4	10	12	15	24
10)	3	5	6	8	18	20
11)	3	13	17	19	22	23
12)	5	6	9	14	16	20
13)	5	7	10	21	22	23
14)	7	8	9	11	14	16
15)	12	15	16	17	20	23

For 24 Numbers in 20 Combinations

Note: See Chapter 6 for instructions how to use this wheel.

Prize Winning Power
3 if 3 = 19.42%
3 if 4 = 59.45%
3 if 5 = 90.54%
3 if 6 = 99.26%

4 if 4 = 2.82%
4 if 5 = 12.82%
4 if 6 = 33.31%

5 if 5 = 0.28%
5 if 6 = 1.62%

Combos	Pointer Numbers					
	(replace with your numbers)					
01)	1	3	4	6	15	21
02)	1	3	7	14	16	20
03)	1	5	7	12	13	23
04)	1	5	8	9	10	17
05)	1	5	11	16	19	22
06)	2	4	5	6	14	18
07)	2	6	7	10	17	19
08)	2	6	9	12	20	22
09)	2	10	11	13	15	16
10)	2	16	17	21	23	24
11)	3	10	18	22	23	24
12)	3	11	12	15	17	18
13)	4	7	9	16	18	19
14)	4	8	12	14	20	24
15)	4	8	15	19	20	23
16)	4	9	13	20	21	23
17)	6	7	8	11	21	22

18)	8	9	12	13	19	21
19)	9	13	14	15	21	24
20)	12	14	15	19	23	24

For 24 Numbers in 83 Combinations

Note: See Chapter 6 for instructions how to use this wheel.

Prize Winning Power
Prize winning power not available.

Combos	Pointer Numbers					
	(replace with your numbers)					
01)	1	2	3	5	11	14
02)	1	2	4	9	13	22
03)	1	2	8	13	19	20
04)	1	2	8	15	16	23
05)	1	2	12	17	18	24
06)	1	3	9	12	19	21
07)	1	3	10	15	19	22
08)	1	3	11	13	16	21
09)	1	4	5	10	18	23
10)	1	4	7	8	18	21
11)	1	4	11	12	19	24
12)	1	5	6	8	13	24
13)	1	5	8	12	14	22
14)	1	6	7	9	15	20
15)	1	6	7	17	19	23
16)	1	6	10	12	16	20
17)	1	7	10	13	14	18
18)	1	9	10	11	15	17
19)	1	9	14	16	18	24
20)	1	10	16	17	20	21
21)	1	11	18	20	22	23
22)	2	3	4	6	8	12
23)	2	3	7	9	17	18
24)	2	3	7	13	19	24
25)	2	4	7	10	11	20
26)	2	4	14	18	19	22

27)	2	5	6	7	21	23
28)	2	5	9	15	19	23
29)	2	5	10	16	22	24
30)	2	6	8	11	17	22
31)	2	6	10	13	15	17
32)	2	6	14	20	23	24
33)	2	8	9	10	14	21
34)	2	11	16	17	19	21
35)	2	12	13	16	18	23
36)	2	12	15	20	21	22
37)	3	4	5	7	15	17
38)	3	4	8	9	11	24
39)	3	4	10	14	17	24
40)	3	4	17	19	20	23
41)	3	5	7	8	22	23
42)	3	5	9	10	13	20
43)	3	6	10	11	16	23
44)	3	6	14	20	21	22
45)	3	6	15	18	21	24
46)	3	7	8	16	20	24
47)	3	8	12	14	15	19
48)	3	10	11	12	18	21
49)	3	12	13	16	17	22
50)	3	13	14	15	18	23
51)	4	5	6	9	16	17
52)	4	5	6	10	19	21
53)	4	5	13	14	16	20
54)	4	6	7	16	18	22
55)	4	6	14	15	16	19
56)	4	7	12	13	23	24
57)	4	8	10	13	15	22
58)	4	9	12	15	18	20
59)	4	11	14	15	21	23
60)	4	16	21	22	23	24
61)	5	6	11	12	15	22
62)	5	7	9	11	21	24

63)	5	7	12	18	19	20
64)	5	8	11	15	16	18
65)	5	9	12	14	17	23
66)	5	10	12	15	16	24
67)	5	13	17	18	21	22
68)	5	14	19	20	21	24
69)	6	7	12	13	14	21
70)	6	8	14	17	18	20
71)	6	9	10	12	22	24
72)	6	9	11	13	18	19
73)	7	8	10	12	17	19
74)	7	9	10	20	22	23
75)	7	9	11	12	14	16
76)	7	13	15	16	19	21
77)	7	14	15	17	22	24
78)	8	9	13	17	21	23
79)	8	9	16	19	20	22
80)	8	10	18	19	23	24
81)	8	11	12	20	21	23
82)	11	13	14	19	22	23
83)	11	13	15	17	20	24

For 26 Numbers in 20 Combinations

Note: See Chapter 6 for instructions how to use this wheel.

Prize Winning Power
3 if 3 = 14.85%
3 if 4 = 46.29%
3 if 5 = 79.31%
3 if 6 = 96.13%

4 if 4 = 2.01%
4 if 5 = 9.08%
4 if 6 = 23.86%

5 if 5 = 0.18%
5 if 6 = 1.05%

Combos	Pointer Numbers					
	(replace with your numbers)					
01)	1	4	7	15	18	21
02)	1	6	8	10	24	25
03)	1	8	9	20	21	23
04)	1	9	10	11	15	23
05)	2	3	16	19	24	26
06)	2	5	14	17	19	26
07)	2	9	17	18	22	25
08)	2	12	13	19	25	26
09)	3	5	6	11	21	22
10)	3	5	14	16	24	25
11)	3	10	12	18	20	26
12)	3	12	13	14	17	25
13)	4	7	8	11	18	20
14)	4	7	9	10	18	23
15)	4	9	11	12	14	24
16)	5	12	13	16	17	24
17)	6	7	9	13	15	26

18)	6	14	15	16	20	22
19)	7	8	12	19	22	23
20)	8	10	11	15	20	21

For 26 Numbers in 88 Combinations

Note: See Chapter 6 for instructions how to use this wheel.

Prize Winning Power
Prize winning power not available.

Combos	Pointer Numbers					
	(replace with your numbers)					
01)	1	2	3	4	6	9
02)	1	2	7	9	17	18
03)	1	2	11	14	23	24
04)	1	2	12	15	21	22
05)	1	3	10	16	19	24
06)	1	3	12	13	17	22
07)	1	3	15	23	25	26
08)	1	4	8	18	21	25
09)	1	4	11	12	19	26
10)	1	4	13	14	16	20
11)	1	5	6	13	24	25
12)	1	5	7	10	14	18
13)	1	5	8	14	22	26
14)	1	5	9	15	19	23
15)	1	6	7	12	19	20
16)	1	7	8	11	13	21
17)	1	7	16	17	23	25
18)	1	9	10	11	15	25
19)	1	10	17	20	21	26
20)	1	11	18	20	22	24
21)	2	3	5	9	13	15
22)	2	3	7	16	20	24
23)	2	3	14	20	22	25
24)	2	4	5	8	16	17
25)	2	4	7	10	11	20
26)	2	4	13	19	22	24

27)	2	5	6	18	20	26
28)	2	5	7	21	23	26
29)	2	6	8	11	22	25
30)	2	6	10	15	17	23
31)	2	8	9	10	14	21
32)	2	10	15	18	19	25
33)	2	11	13	14	15	26
34)	2	11	16	17	19	21
35)	2	12	13	16	18	23
36)	2	12	17	24	25	26
37)	3	4	8	9	11	24
38)	3	4	10	14	18	23
39)	3	4	11	17	22	26
40)	3	4	17	19	20	23
41)	3	5	6	7	8	23
42)	3	5	7	11	19	25
43)	3	5	16	21	22	23
44)	3	6	9	16	17	25
45)	3	6	12	14	21	26
46)	3	6	15	18	21	24
47)	3	7	13	18	25	26
48)	3	8	10	13	20	26
49)	3	8	12	14	15	19
50)	3	10	11	12	18	21
51)	4	5	6	10	19	21
52)	4	5	12	22	23	25
53)	4	5	15	20	24	26
54)	4	6	7	16	18	22
55)	4	7	9	14	19	26
56)	4	7	12	13	23	24
57)	4	8	10	13	15	22
58)	4	9	12	18	20	21
59)	4	10	13	14	17	25
60)	4	11	14	15	21	23
61)	5	8	11	15	16	18
62)	5	9	10	13	16	26

63)	5	9	11	12	14	17
64)	5	10	12	16	20	25
65)	5	13	17	18	21	22
66)	5	14	19	20	21	24
67)	6	7	8	9	15	26
68)	6	7	15	20	21	25
69)	6	8	12	16	21	24
70)	6	8	14	17	18	20
71)	6	9	10	12	22	24
72)	6	9	11	13	18	19
73)	6	10	11	16	23	26
74)	6	13	14	19	22	23
75)	7	8	10	12	17	19
76)	7	9	10	20	22	23
77)	7	11	12	14	16	22
78)	7	13	15	16	19	21
79)	7	14	15	17	22	24
80)	8	9	13	17	21	23
81)	8	9	16	19	20	22
82)	8	11	12	20	23	25
83)	8	18	19	23	24	26
84)	9	14	16	18	24	25
85)	9	19	21	22	25	26
86)	10	13	21	23	24	25
87)	11	13	15	17	20	24
88)	12	15	16	17	18	26

For 28 Numbers in 20 Combinations

Note: See Chapter 6 for instructions how to use this wheel.

Prize Winning Power
3 if 3 = 11.78%
3 if 4 = 38.27%
3 if 5 = 70.03%
3 if 6 = 91.37%

4 if 4 = 1.46%
4 if 5 = 6.69%
4 if 6 = 17.93%

5 if 5 = 0.12%
5 if 6 = 0.701%

Combos	Pointer Numbers (replace with your numbers)					
01)	1	2	3	5	8	28
02)	1	4	23	25	26	28
03)	1	13	17	21	25	26
04)	1	16	20	22	25	26
05)	2	5	11	14	24	27
06)	2	7	9	10	11	27
07)	2	11	12	18	19	27
08)	3	6	7	12	13	16
09)	3	6	8	15	23	24
10)	3	9	15	18	21	22
11)	4	8	13	14	15	19
12)	4	13	17	21	22	23
13)	4	16	17	20	21	28
14)	5	6	11	15	20	25
15)	5	7	9	10	19	24
16)	5	9	10	12	14	18
17)	6	8	10	17	22	27

18)	7	12	14	18	19	24
19)	8	9	12	20	24	26
20)	13	16	20	22	23	28

For 28 Numbers in 94 Combinations

Note: See Chapter 6 for instructions how to use this wheel.

Prize Winning Power
Prize winning power not available.

Combos	Pointer Numbers					
	(replace with your numbers)					
01)	1	2	3	13	19	24
02)	1	2	5	7	18	26
03)	1	2	6	15	20	23
04)	1	2	8	14	21	25
05)	1	3	4	8	25	27
06)	1	3	6	9	21	25
07)	1	3	10	16	17	22
08)	1	4	5	6	10	21
09)	1	4	13	16	20	28
10)	1	4	14	16	19	26
11)	1	5	9	12	14	17
12)	1	5	15	19	23	27
13)	1	6	7	12	19	28
14)	1	7	11	13	21	27
15)	1	7	14	15	22	24
16)	1	8	12	16	21	24
17)	1	9	10	11	15	28
18)	1	10	12	14	18	27
19)	1	11	20	22	24	26
20)	1	17	18	23	25	28
21)	2	3	5	6	14	26
22)	2	3	7	8	22	23
23)	2	3	10	11	18	21
24)	2	4	5	8	17	28
25)	2	4	7	16	21	27
26)	2	4	8	9	11	24

27)	2	6	11	22	25	27
28)	2	7	11	16	17	19
29)	2	9	10	15	19	25
30)	2	9	13	14	20	27
31)	2	10	14	17	23	24
32)	2	12	13	16	18	23
33)	2	12	15	21	22	28
34)	2	12	17	24	25	26
35)	2	18	19	20	27	28
36)	3	4	6	16	18	22
37)	3	4	15	21	24	26
38)	3	4	17	19	20	23
39)	3	5	7	9	11	20
40)	3	5	16	21	23	28
41)	3	6	8	10	24	28
42)	3	6	12	13	17	27
43)	3	7	13	15	18	25
44)	3	8	12	14	15	19
45)	3	9	12	23	26	28
46)	3	9	18	22	26	27
47)	3	10	16	20	24	27
48)	3	14	20	22	25	28
49)	4	5	7	12	13	24
50)	4	5	9	22	23	25
51)	4	6	9	14	21	28
52)	4	6	13	20	25	26
53)	4	7	11	14	15	23
54)	4	8	10	13	15	22
55)	4	9	12	18	20	21
56)	4	10	11	12	19	27
57)	4	10	11	14	17	25
58)	4	12	15	17	18	26
59)	4	22	23	24	27	28
60)	5	6	7	8	16	25
61)	5	6	15	18	24	27
62)	5	7	10	14	27	28

63)	5	8	11	15	16	18
64)	5	8	12	22	26	27
65)	5	9	10	13	16	26
66)	5	10	12	15	20	25
67)	5	11	17	23	26	27
68)	5	11	19	24	25	28
69)	5	13	17	18	21	22
70)	5	14	19	20	21	24
71)	6	7	8	9	15	26
72)	6	8	14	17	18	20
73)	6	9	10	12	22	24
74)	6	9	11	13	18	19
75)	6	10	11	16	23	26
76)	6	13	14	19	22	23
77)	6	15	16	17	19	21
78)	7	8	10	13	17	19
79)	7	9	16	17	24	28
80)	7	10	18	20	22	23
81)	7	12	14	16	20	26
82)	7	15	17	20	22	27
83)	7	19	21	22	25	26
84)	8	9	16	19	20	22
85)	8	9	17	21	23	27
86)	8	11	12	20	23	25
87)	8	11	13	14	26	28
88)	8	18	19	23	24	26
89)	9	14	16	18	24	25
90)	10	13	21	23	24	25
91)	10	17	20	21	26	28
92)	11	12	14	16	21	22
93)	11	13	15	17	20	24
94)	15	16	25	26	27	28

For 30 Numbers in 25 Combinations

Note: See Chapter 6 for instructions how to use this wheel.

Prize Winning Power
3 if 3 = 11.97%
3 if 4 = 39.93%
3 if 5 = 72.58%
3 if 6 = 92.88%

4 if 4 = 1.37%
4 if 5 = 6.32%
4 if 6 = 17.19%

5 if 5 = 0.10%
5 if 6 = 0.61%

Combos	Pointer Numbers					
	(replace with your numbers)					
01)	1	2	7	12	25	30
02)	1	3	4	11	17	29
03)	1	3	6	15	16	20
04)	1	7	11	14	17	23
05)	1	8	10	11	17	22
06)	2	6	15	19	21	23
07)	2	9	13	16	26	27
08)	2	9	18	24	27	30
09)	2	12	20	24	26	28
10)	3	4	7	10	14	22
11)	3	4	8	14	23	29
12)	3	5	8	21	25	27
13)	4	5	16	19	22	30
14)	4	10	13	15	24	25
15)	5	6	9	14	25	29
16)	5	7	11	15	18	26
17)	6	7	8	19	24	28

18)	7	8	10	22	23	29
19)	9	11	20	21	22	24
20)	9	12	18	20	28	30
21)	10	12	19	21	26	29
22)	12	13	16	20	27	28
23)	13	16	18	24	26	30
24)	14	15	17	21	28	30
25)	17	18	19	20	23	25

For 36 Numbers in 35 Combinations

Note: See Chapter 6 for instructions how to use this wheel.

Prize Winning Power
3 if 3 = 9.51%
3 if 4 = 32.57%
3 if 5 = 62.49%
3 if 6 = 85.77%

4 if 4 = 0.89%
4 if 5 = 4.17%
4 if 6 = 11.59%

5 if 5 = 0.05%
5 if 6 = 0.32%

Combos	Pointer Numbers					
	(replace with your numbers)					
01)	1	2	4	16	20	33
02)	1	2	11	18	23	24
03)	1	3	7	11	19	25
04)	1	3	13	21	22	27
05)	1	7	11	12	15	18
06)	1	12	28	30	34	35
07)	2	3	12	19	23	25
08)	2	6	17	25	27	35
09)	2	7	12	15	23	24
10)	2	7	13	31	34	36
11)	3	10	16	23	29	30
12)	3	15	18	19	24	25
13)	4	5	8	13	17	30
14)	4	8	16	17	22	36
15)	4	8	17	26	32	35
16)	4	10	11	13	14	25
17)	5	7	10	24	33	35

18)	5	9	15	16	19	27
19)	5	13	16	22	35	36
20)	5	22	26	30	32	36
21)	6	8	13	18	19	20
22)	6	9	10	21	33	34
23)	6	9	14	20	27	28
24)	6	10	21	28	29	31
25)	6	11	12	16	26	31
26)	7	16	18	21	28	32
27)	9	12	13	24	29	32
28)	9	18	22	23	31	35
29)	9	28	29	31	33	34
30)	10	14	20	21	27	31
31)	11	15	21	29	35	36
32)	13	15	23	26	28	33
33)	13	16	26	30	32	35
34)	14	17	19	24	30	31
35)	14	20	27	29	33	34

For 42 Numbers in 55 Combinations

Note: See Chapter 6 for instructions how to use this wheel.

Prize Winning Power
3 if 3 = 9.40%
3 if 4 = 33.54%
3 if 5 = 65.41%
3 if 6 = 88.99%

4 if 4 = 0.74%
4 if 5 = 3.50%
4 if 6 = 9.92%

5 if 5 = 0.04%
5 if 6 = 0.23%

Combos	Pointer Numbers					
	(replace with your numbers)					
01)	1	2	17	29	36	42
02)	1	3	8	20	21	31
03)	1	5	16	18	22	25
04)	1	6	24	37	39	40
05)	1	7	8	11	12	14
06)	1	9	20	21	38	42
07)	1	13	15	27	31	41
08)	1	17	18	21	30	38
09)	2	4	22	24	32	38
10)	2	6	10	14	19	25
11)	2	6	13	32	33	39
12)	2	6	19	33	36	41
13)	2	7	9	15	25	37
14)	2	8	13	23	34	40
15)	2	11	18	26	27	39
16)	2	12	20	28	30	41
17)	3	4	12	25	36	40

18)	3	5	11	13	19	37
19)	3	7	21	29	39	41
20)	3	8	9	31	38	42
21)	3	8	17	18	30	42
22)	3	10	15	22	30	34
23)	4	5	7	16	27	28
24)	4	5	12	15	27	35
25)	4	8	16	17	20	39
26)	4	9	18	19	21	34
27)	4	10	11	29	31	33
28)	4	15	24	29	34	35
29)	4	23	26	37	41	42
30)	5	6	17	34	38	41
31)	5	7	10	20	40	42
32)	5	12	24	27	29	34
33)	5	26	31	32	35	36
34)	6	11	15	21	23	36
35)	6	13	20	22	26	29
36)	7	10	17	19	27	35
37)	7	12	16	28	34	35
38)	7	13	23	30	36	38
39)	7	15	16	24	28	29
40)	8	9	10	24	26	28
41)	8	22	27	33	36	37
42)	9	11	22	35	40	41
43)	9	14	23	27	29	32
44)	9	17	18	20	30	31
45)	10	12	16	21	32	37
46)	10	13	14	25	36	39
47)	10	14	25	32	33	41
48)	11	25	28	32	34	42
49)	12	19	22	23	31	39
50)	13	19	32	36	39	41
51)	14	16	19	24	30	42
52)	14	17	21	22	28	40
53)	14	18	28	35	37	38

54) 15 19 26 33 38 40
55) 20 23 24 25 33 35

For 48 Numbers in 75 Combinations

Note: See Chapter 6 for instructions how to use this wheel.

Prize Winning Power
3 if 3 = 8.51%
3 if 4 = 30.76%
3 if 5 = 61.40%
3 if 6 = 86.06%

4 if 4 = 0.58%
4 if 5 = 2.77%
4 if 6 = 7.91%

5 if 5 = 0.03%
5 if 6 = 0.15%

Combos	Pointer Numbers (replace with your numbers)					
01)	1	2	5	24	27	45
02)	1	3	8	14	18	37
03)	1	6	10	19	21	22
04)	1	7	17	23	36	39
05)	1	9	16	31	38	41
06)	1	11	22	32	46	47
07)	1	11	23	25	36	46
08)	1	12	25	26	31	47
09)	1	13	28	30	33	40
10)	2	3	15	16	30	33
11)	2	3	19	30	41	43
12)	2	4	12	21	39	48
13)	2	6	7	34	40	46
14)	2	8	9	19	35	47
15)	2	10	13	16	29	32
16)	2	11	18	20	28	38
17)	2	12	15	18	27	30

18)	2	22	26	37	41	42
19)	3	5	10	11	42	47
20)	3	7	23	35	37	44
21)	3	9	13	15	26	46
22)	3	12	16	18	27	33
23)	3	12	22	29	38	45
24)	3	24	25	28	41	48
25)	4	5	13	18	22	36
26)	4	6	8	13	38	42
27)	4	6	9	28	42	45
28)	4	6	10	24	37	42
29)	4	7	19	26	28	29
30)	4	10	14	17	30	31
31)	4	15	37	40	43	47
32)	4	23	32	34	41	45
33)	5	12	16	28	37	46
34)	5	14	26	29	40	48
35)	5	14	29	31	34	35
36)	5	17	19	23	33	38
37)	5	20	21	26	40	44
38)	5	20	25	30	37	39
39)	6	8	15	20	23	29
40)	6	13	14	39	41	47
41)	6	17	25	35	43	45
42)	6	26	33	36	38	44
43)	7	8	21	25	33	42
44)	7	11	17	25	32	39
45)	7	14	16	20	22	48
46)	7	17	22	39	46	47
47)	8	9	10	24	28	38
48)	8	10	12	36	40	41
49)	8	11	16	26	30	45
50)	8	13	24	37	38	45
51)	8	27	28	31	32	39
52)	9	10	13	28	37	45
53)	9	11	27	29	33	37

54)	9	12	17	20	32	42
55)	9	18	21	23	24	30
56)	9	22	34	39	43	44
57)	10	15	25	27	34	38
58)	10	18	33	45	46	48
59)	11	12	13	19	24	34
60)	11	15	21	28	35	41
61)	12	15	19	33	41	43
62)	13	23	27	42	43	48
63)	14	15	19	36	42	45
64)	14	20	21	34	35	44
65)	14	21	32	38	43	46
66)	16	17	21	34	36	37
67)	16	18	19	27	41	43
68)	16	24	35	39	40	42
69)	17	18	24	29	44	47
70)	19	30	32	37	38	48
71)	20	21	29	31	44	48
72)	20	24	31	36	43	46
73)	22	23	25	32	36	47
74)	26	31	34	35	40	48
75)	29	30	41	42	44	46

For 49 Numbers in 75 Combinations

Note: See Chapter 6 for instructions how to use this wheel.

Prize Winning Power
3 if 3 = 7.99%
3 if 4 = 28.97%
3 if 5 = 58.60%
3 if 6 = 83.83%

4 if 4 = 0.50%
4 if 5 = 2.54%
4 if 6 = 7.28%

5 if 5 = 0.02%
5 if 6 = 0.14%

Combos	Pointer Numbers					
	(replace with your numbers)					
01)	1	2	19	23	42	48
02)	1	3	15	28	29	30
03)	1	4	26	35	37	46
04)	1	5	6	34	44	49
05)	1	7	24	39	43	49
06)	1	8	12	31	38	44
07)	1	10	14	24	43	45
08)	1	15	24	26	41	43
09)	1	17	22	27	33	41
10)	2	3	20	37	38	49
11)	2	4	9	16	43	44
12)	2	5	12	25	27	29
13)	2	7	28	32	36	46
14)	2	11	15	31	33	34
15)	2	12	13	18	22	35
16)	2	17	27	29	30	47
17)	2	27	29	34	46	48

18)	3	4	23	24	34	41
19)	3	6	10	12	40	43
20)	3	8	13	16	32	33
21)	3	11	16	18	32	40
22)	3	13	19	25	26	31
23)	3	14	31	36	47	48
24)	3	16	32	37	42	44
25)	4	6	21	22	28	31
26)	4	8	14	23	25	29
27)	4	9	23	28	31	38
28)	4	10	13	20	30	32
29)	4	15	18	27	38	48
30)	4	19	28	31	35	36
31)	5	7	8	9	19	27
32)	5	10	11	12	16	23
33)	5	12	17	25	46	47
34)	5	13	22	24	38	42
35)	5	14	17	21	26	40
36)	5	25	30	34	47	48
37)	5	30	33	36	39	45
38)	6	7	16	30	41	42
39)	6	8	17	20	25	39
40)	6	9	11	13	45	47
41)	6	9	19	21	22	38
42)	6	19	23	35	36	38
43)	6	24	26	29	32	33
44)	7	10	14	15	39	41
45)	7	11	22	25	26	44
46)	7	12	20	21	33	47
47)	7	15	26	39	45	49
48)	7	29	34	38	40	43
49)	8	11	13	33	42	44
50)	8	11	18	37	40	42
51)	8	11	21	30	35	43
52)	8	15	22	32	47	49
53)	9	12	14	32	39	42

54)	9	18	24	30	31	46
55)	9	21	22	23	35	36
56)	10	14	26	41	45	49
57)	10	17	24	28	37	48
58)	10	18	20	26	34	36
59)	10	21	27	39	44	47
60)	10	25	33	35	42	49
61)	11	14	19	20	46	49
62)	12	15	19	34	37	45
63)	12	17	30	34	46	48
64)	13	15	23	39	40	46
65)	13	18	33	37	40	44
66)	13	21	29	36	41	49
67)	14	16	27	28	34	35
68)	15	17	20	36	42	43
69)	16	19	22	29	37	39
70)	16	21	25	38	45	46
71)	17	18	23	29	44	45
72)	18	19	28	41	43	47
73)	20	35	40	41	45	48
74)	23	27	31	32	37	43
75)	24	25	27	36	40	44

For 50 Numbers in 80 Combinations

Note: See Chapter 6 for instructions how to use this wheel.

Prize Winning Power
3 if 3 = 8.02%
3 if 4 = 29.18%
3 if 5 = 59.06%
3 if 6 = 84.03%

4 if 4 = 0.52%
4 if 5 = 2.50%
4 if 6 = 7.16%

5 if 5 = 0.02%
5 if 6 = 0.13%

Combos	Pointer Numbers (replace with your numbers)					
01)	1	2	12	14	16	37
02)	1	3	13	22	25	38
03)	1	4	15	29	39	49
04)	1	5	19	39	41	46
05)	1	6	14	19	23	41
06)	1	6	17	26	40	47
07)	1	7	18	19	27	41
08)	1	8	10	11	23	43
09)	1	28	30	33	34	35
10)	2	4	6	7	44	50
11)	2	8	13	15	33	42
12)	2	8	31	35	47	48
13)	2	9	20	21	25	46
14)	2	10	18	24	38	47
15)	2	11	13	27	28	46
16)	2	14	17	22	29	33
17)	2	15	25	31	32	33

18)	2	30	32	36	39	45
19)	3	4	28	40	43	45
20)	3	5	21	29	42	48
21)	3	7	30	31	43	46
22)	3	8	12	17	20	39
23)	3	9	22	28	36	40
24)	3	10	12	28	40	44
25)	3	14	24	35	41	49
26)	3	15	23	34	36	47
27)	4	5	16	20	24	32
28)	4	9	17	34	41	48
29)	4	9	22	43	44	45
30)	4	10	12	22	36	43
31)	4	14	19	25	30	47
32)	4	26	31	38	39	42
33)	5	6	7	14	39	46
34)	5	6	18	23	27	39
35)	5	7	8	25	45	49
36)	5	7	17	35	36	37
37)	5	10	13	14	31	50
38)	5	12	27	33	38	43
39)	6	8	24	26	36	46
40)	6	10	21	33	37	41
41)	6	11	12	15	19	35
42)	6	12	25	28	29	48
43)	6	16	22	31	34	49
44)	7	11	22	26	32	41
45)	7	12	13	21	23	24
46)	7	14	18	23	27	46
47)	7	20	28	42	43	47
48)	8	13	25	31	32	42
49)	8	14	21	27	32	44
50)	8	16	19	28	38	48
51)	9	10	12	36	44	45
52)	9	10	15	16	27	30
53)	9	11	14	39	40	42

54)	9	18	29	32	43	50
55)	9	19	23	26	33	49
56)	10	14	26	34	45	48
57)	10	19	20	36	42	49
58)	11	16	18	33	36	44
59)	11	17	21	30	38	49
60)	11	20	29	30	34	37
61)	11	21	26	30	37	50
62)	13	15	33	35	47	48
63)	13	16	29	41	45	47
64)	13	18	26	35	43	44
65)	13	19	32	34	37	40
66)	15	17	18	21	28	45
67)	15	37	44	46	48	49
68)	16	23	29	35	40	46
69)	16	24	25	34	39	43
70)	17	19	24	29	31	44
71)	17	20	34	38	49	50
72)	17	26	29	37	38	49
73)	18	20	22	30	40	48
74)	20	21	26	29	34	50
75)	20	27	31	35	37	45
76)	22	23	28	37	39	50
77)	22	24	42	45	46	50
78)	23	30	38	41	42	44
79)	25	27	36	40	41	50
80)	25	32	35	42	47	48

For 51 Numbers in 85 Combinations

Note: See Chapter 6 for instructions how to use this wheel.

Prize Winning Power
3 if 3 = 8.03%
3 if 4 = 29.29%
3 if 5 = 59.33%
3 if 6 = 84.59%

4 if 4 = 0.51%
4 if 5 = 2.45%
4 if 6 = 7.03%

5 if 5 = 0.02%
5 if 6 = 0.13%

Combos	Pointer Numbers					
	(replace with your numbers)					
01)	1	2	14	20	23	25
02)	1	2	15	30	40	45
03)	1	4	11	41	46	49
04)	1	5	8	13	18	40
05)	1	6	7	16	24	48
06)	1	7	10	15	29	35
07)	1	9	10	15	45	51
08)	1	12	21	26	37	51
09)	1	17	29	33	43	44
10)	1	22	35	42	47	50
11)	2	3	15	17	37	48
12)	2	4	24	34	50	51
13)	2	6	8	21	33	46
14)	2	7	9	29	35	40
15)	2	7	36	39	43	49
16)	2	9	10	30	40	51
17)	2	13	28	38	41	44

18)	3	4	5	29	32	36
19)	3	5	16	23	41	43
20)	3	6	7	9	14	50
21)	3	8	11	18	44	51
22)	3	12	22	25	30	46
23)	3	13	16	21	24	43
24)	3	19	20	35	38	49
25)	3	19	23	26	42	43
26)	3	27	28	33	39	40
27)	4	6	15	23	30	38
28)	4	7	21	25	44	47
29)	4	8	12	15	28	42
30)	4	10	13	20	22	39
31)	4	14	35	40	43	48
32)	4	17	26	28	31	46
33)	5	7	12	13	33	50
34)	5	9	22	38	43	46
35)	5	10	11	26	44	48
36)	5	13	19	21	23	24
37)	5	15	24	27	31	47
38)	5	16	19	26	41	42
39)	5	17	20	21	30	34
40)	6	11	20	28	43	45
41)	6	12	17	18	22	27
42)	6	12	20	26	32	40
43)	6	14	22	27	47	49
44)	6	18	34	36	44	47
45)	6	25	29	31	42	51
46)	7	18	20	27	42	46
47)	7	19	22	32	34	37
48)	7	29	30	35	45	51
49)	8	10	17	24	25	36
50)	8	11	20	31	32	33
51)	8	11	25	31	37	50
52)	8	16	29	37	45	49
53)	8	20	31	38	39	48

54)	8	30	32	41	43	47
55)	9	11	12	16	27	35
56)	9	13	17	32	42	45
57)	9	19	33	36	47	51
58)	9	21	23	28	31	49
59)	9	24	30	37	39	44
60)	9	25	27	34	40	41
61)	10	12	19	31	41	45
62)	10	14	16	28	32	46
63)	10	18	34	37	42	43
64)	10	21	27	29	38	50
65)	11	13	14	30	36	42
66)	11	23	29	34	39	47
67)	11	32	33	38	39	48
68)	12	14	17	18	47	49
69)	12	17	34	36	44	49
70)	13	15	25	26	34	49
71)	13	21	24	26	41	42
72)	13	23	35	36	37	46
73)	14	15	20	24	29	41
74)	14	22	27	34	36	44
75)	14	24	26	33	38	45
76)	15	16	18	22	31	33
77)	15	19	40	44	46	50
78)	16	17	23	38	40	51
79)	16	26	30	31	36	50
80)	18	19	28	29	30	48
81)	18	21	35	39	41	45
82)	20	25	33	37	48	50
83)	22	28	36	41	48	51
84)	23	27	32	45	48	49
85)	25	32	37	38	39	50

For 53 Numbers in 95 Combinations

Note: See Chapter 6 for instructions how to use this wheel.

Prize Winning Power
3 if 3 = 8.00%
3 if 4 = 29.31%
3 if 5 = 59.57%
3 if 6 = 84.94%

4 if 4 = 0.49%
4 if 5 = 2.34%
4 if 6 = 6.74%

5 if 5 = 0.02%
5 if 6 = 0.12%

Combos	Pointer Numbers (replace with your numbers)					
01)	1	2	21	31	36	49
02)	1	3	8	19	31	53
03)	1	4	8	16	21	36
04)	1	5	17	40	41	52
05)	1	6	10	11	28	46
06)	1	9	13	23	26	50
07)	1	13	18	27	34	37
08)	1	14	30	43	44	48
09)	1	15	29	33	42	49
10)	1	24	38	39	45	51
11)	1	25	31	34	36	45
12)	2	3	5	24	32	53
13)	2	4	8	16	25	45
14)	2	4	27	33	40	52
15)	2	7	15	18	26	44
16)	2	9	10	16	30	51
17)	2	12	22	28	37	43

18)	2	14	17	19	29	39
19)	2	21	25	34	45	49
20)	2	34	38	41	42	50
21)	3	4	7	20	29	51
22)	3	8	21	24	30	52
23)	3	9	12	39	44	49
24)	3	10	15	38	40	43
25)	3	11	16	22	34	48
26)	3	13	15	17	38	46
27)	3	15	23	37	38	44
28)	3	16	25	40	42	47
29)	3	26	27	33	36	41
30)	4	5	6	44	45	47
31)	4	8	16	31	34	49
32)	4	9	15	22	24	41
33)	4	10	12	14	25	50
34)	4	11	30	37	39	42
35)	4	26	35	38	48	53
36)	5	7	14	16	38	49
37)	5	7	23	25	27	39
38)	5	8	10	20	36	42
39)	5	11	15	21	27	31
40)	5	18	22	30	47	51
41)	5	22	28	33	35	51
42)	5	22	39	50	51	53
43)	5	26	29	34	43	46
44)	6	7	9	27	42	52
45)	6	8	15	39	40	48
46)	6	12	13	29	30	36
47)	6	12	20	24	27	48
48)	6	14	15	34	52	53
49)	6	17	22	25	26	32
50)	6	19	24	26	27	42
51)	6	19	31	35	37	41
52)	6	21	23	33	43	50
53)	7	8	13	28	39	41

54)	7	9	12	24	26	52
55)	7	9	19	20	48	52
56)	7	10	24	33	34	37
57)	7	15	32	36	43	47
58)	7	21	22	40	46	53
59)	7	30	35	41	45	46
60)	8	9	14	37	46	47
61)	8	11	12	17	33	38
62)	8	11	18	43	51	52
63)	8	22	27	29	35	44
64)	9	17	27	35	43	45
65)	9	18	21	28	29	38
66)	10	13	17	37	43	46
67)	10	13	29	31	47	52
68)	10	17	23	37	40	44
69)	10	18	32	41	48	49
70)	10	19	21	26	39	47
71)	11	13	19	22	33	45
72)	11	14	23	29	32	41
73)	11	20	25	41	44	53
74)	11	24	35	36	40	49
75)	12	16	18	23	45	53
76)	12	19	20	26	42	48
77)	12	19	30	32	34	40
78)	13	14	21	32	35	42
79)	13	20	43	47	49	53
80)	13	23	40	43	44	46
81)	14	17	18	22	36	42
82)	14	20	26	28	40	45
83)	15	20	25	35	37	51
84)	16	17	24	31	44	50
85)	16	20	32	39	46	52
86)	17	23	34	47	48	51
87)	18	25	31	33	46	48
88)	18	28	33	35	39	47
89)	18	30	35	39	50	53

90)	19	23	25	28	36	52
91)	19	27	46	49	50	51
92)	20	22	23	30	31	38
93)	28	30	33	47	50	53
94)	28	31	32	42	44	51
95)	29	32	37	45	48	50

Chapter 10 – Play All the Numbers on 20 Ticket Wheels (Balanced Wheels)

For 25 Numbers in 20 Combinations

Note: See Chapter 6 for instructions how to use this wheel.

Prize Winning Power
3 if 3 = 17.34%
3 if 4 = 57.00%
3 if 5 = 90.30%
3 if 6 = 99.38%

4 if 4 = 2.373%
4 if 5 = 10.94%
4 if 6 = 29.33%

5 if 5 = 0.226%
5 if 6 = 1.299%

Combos	Pointer Numbers					
	(replace with your numbers)					
01)	1	3	10	12	14	20
02)	1	4	10	13	19	24
03)	1	5	8	9	20	22
04)	1	6	11	19	22	23
05)	1	7	14	15	18	25
06)	2	4	14	18	21	22
07)	2	5	10	12	15	23
08)	2	7	9	16	17	19
09)	2	8	11	13	15	20
10)	3	4	9	17	23	25
11)	3	5	6	7	13	21
12)	3	8	15	16	22	24
13)	4	5	6	16	20	25

14)	4	7	8	11	12	24
15)	5	6	14	17	19	24
16)	6	9	10	12	15	18
17)	8	10	11	17	21	25
18)	9	11	13	14	16	23
19)	12	13	17	18	22	25
20)	18	19	20	21	23	24

For 30 Numbers in 20 Combinations

Note: See Chapter 6 for instructions how to use this wheel.

Prize Winning Power
3 if 3 = 9.852%
3 if 4 = 35.66%
3 if 5 = 68.87%
3 if 6 = 91.42%

4 if 4 = 1.094%
4 if 5 = 5.136%
4 if 6 = 14.38%

5 if 5 = 0.084%
5 if 6 = 0.488%

Combos	Pointer Numbers (replace with your numbers)					
01)	1	3	5	11	20	21
02)	1	6	12	14	17	22
03)	1	7	10	13	26	30
04)	1	9	15	16	23	30
05)	2	4	7	8	14	16
06)	2	5	8	15	26	27
07)	2	9	17	20	25	28
08)	2	10	11	22	23	29
09)	3	6	8	13	23	25
10)	3	10	14	15	24	28
11)	3	16	17	18	27	29
12)	4	5	18	22	28	30
13)	4	6	15	20	26	29
14)	4	17	19	21	23	24
15)	5	9	13	14	19	29
16)	6	7	9	11	18	24
17)	7	19	22	25	27	30

18)	8	10	12	18	19	20
19)	11	12	13	21	27	28
20)	12	16	21	24	25	26

For 33 Numbers in 20 Combinations

Note: See Chapter 6 for instructions how to use this wheel.

Prize Winning Power
3 if 3 = 7.331%
3 if 4 = 27.09%
3 if 5 = 55.69%
3 if 6 = 81.19%

4 if 4 = 0.733%
4 if 5 = 3.463%
4 if 6 = 9.798%

5 if 5 = 0.050%
5 if 6 = 0.294%

Combos	Pointer Numbers					
	(replace with your numbers)					
01)	1	2	6	18	27	33
02)	1	4	12	13	23	30
03)	1	14	26	29	31	32
04)	2	7	8	13	19	31
05)	2	15	16	17	22	29
06)	3	5	10	11	19	23
07)	3	9	22	25	30	31
08)	3	13	20	24	26	27
09)	4	5	15	18	21	25
10)	4	6	7	11	22	26
11)	4	9	10	16	20	32
12)	5	7	9	24	28	29
13)	6	19	20	21	29	30
14)	7	14	17	20	23	33
15)	8	10	12	14	15	27
16)	8	11	17	24	30	32
17)	8	16	23	25	26	28

18)	9	11	13	14	21	28
19)	12	16	21	24	31	33
20)	12	18	19	22	28	32

For 36 Numbers in 20 Combinations

Note: See Chapter 6 for instructions how to use this wheel.

Prize Winning Power
3 if 3 = 5.602%
3 if 4 = 20.88%
3 if 5 = 44.75%
3 if 6 = 69.99%

4 if 4 = 0.509%
4 if 5 = 2.419%
4 if 6 = 6.885%

5 if 5 = 0.031%
5 if 6 = 0.185%

Combos	Pointer Numbers (replace with your numbers)					
01)	1	2	12	17	18	26
02)	1	5	10	20	25	27
03)	1	7	13	14	32	36
04)	2	3	5	29	34	36
05)	2	6	9	15	28	32
06)	2	7	16	20	23	30
07)	3	4	14	15	16	24
08)	3	6	12	21	22	23
09)	4	7	19	25	26	28
10)	4	11	17	21	27	33
11)	5	11	13	24	26	31
12)	6	7	8	10	18	29
13)	8	9	14	19	23	27
14)	8	16	25	31	32	34
15)	9	22	24	33	35	36
16)	10	11	12	28	30	36
17)	12	19	20	29	32	33

18)	13	17	22	25	29	30
19)	13	18	20	28	34	35
20)	15	19	21	30	31	35

For 40 Numbers in 20 Combinations

Note: See Chapter 6 for instructions how to use this wheel.

Prize Winning Power
3 if 3 = 4.048%
3 if 4 = 15.21%
3 if 5 = 33.85%
3 if 6 = 56.52%

4 if 4 = 0.328%
4 if 5 = 1.568%
4 if 6 = 4.491%

5 if 5 = 0.018%
5 if 6 = 0.106%

Combos	Pointer Numbers (replace with your numbers)					
01)	1	7	13	27	30	31
02)	1	8	16	20	22	37
03)	1	21	24	25	33	40
04)	2	3	8	15	19	39
05)	2	11	13	16	34	40
06)	2	14	22	28	29	35
07)	3	4	18	20	23	24
08)	3	5	10	11	14	32
09)	4	6	7	15	29	32
10)	4	12	25	26	31	37
11)	5	7	8	17	18	34
12)	5	9	12	13	24	36
13)	6	10	26	27	28	39
14)	6	11	17	19	35	36
15)	9	10	21	23	29	31
16)	9	16	25	27	35	38
17)	12	19	20	33	34	38

18)	14	15	23	26	33	36
19)	17	22	30	38	39	40
20)	18	21	28	30	32	37

For 42 Numbers in 20 Combinations

Note: See Chapter 6 for instructions how to use this wheel.

Prize Winning Power
3 if 3 = 3.484%
3 if 4 = 13.13%
3 if 5 = 29.56%
3 if 6 = 50.44%

4 if 4 = 0.268%
4 if 5 = 1.284%
4 if 6 = 3.686%

5 if 5 = 0.014%
5 if 6 = 0.083%

Combos	Pointer Numbers					
	(replace with your numbers)					
01)	1	3	7	19	37	39
02)	1	10	21	22	34	42
03)	1	12	17	24	25	35
04)	2	3	11	22	23	36
05)	2	14	15	30	38	40
06)	2	18	20	32	35	41
07)	3	5	8	13	14	32
08)	4	6	7	21	25	31
09)	4	17	19	26	28	42
10)	5	10	12	28	31	41
11)	5	20	25	27	33	40
12)	6	13	17	29	33	41
13)	7	11	24	28	30	34
14)	8	9	23	35	39	40
15)	8	16	20	36	37	38
16)	9	10	11	27	32	38
17)	9	15	18	19	34	36

18)	12	21	26	30	33	37
19)	14	16	18	23	27	29
20)	15	22	24	26	31	39

For 44 Numbers in 20 Combinations

Note: See Chapter 6 for instructions how to use this wheel.

Prize Winning Power
3 if 3 = 2.635%
3 if 4 = 9.989%
3 if 5 = 22.90%
3 if 6 = 40.38%

4 if 4 = 0.184%
4 if 5 = 0.884%
4 if 6 = 2.550%

5 if 5 = 0.009%
5 if 6 = 0.051%

Combos	Pointer Numbers					
	(replace with your numbers)					
01)	1	2	3	10	11	12
02)	1	13	20	28	35	40
03)	1	15	39	41	45	46
04)	2	17	24	27	40	46
05)	3	5	6	13	24	39
06)	3	23	28	32	44	46
07)	4	16	22	25	36	38
08)	4	29	33	34	35	42
09)	5	8	9	22	31	33
10)	6	10	21	23	40	45
11)	6	12	15	17	26	28
12)	7	8	16	21	42	43
13)	7	14	18	20	22	29
14)	7	19	25	33	41	44
15)	8	18	19	23	35	38
16)	9	18	25	30	34	43
17)	10	20	26	27	32	39

18)	11	13	17	32	37	45
19)	14	19	30	31	36	42
20)	29	31	37	38	43	44

For 46 Numbers in 20 Combinations

Note: See Chapter 6 for instructions how to use this wheel.

Prize Winning Power

3 if 3 = 2.635%
3 if 4 = 9.989%
3 if 5 = 22.90%
3 if 6 = 40.38%

4 if 4 = 0.184%
4 if 5 = 0.884%
4 if 6 = 2.550%

5 if 5 = 0.009%
5 if 6 = 0.051%

Combos	Pointer Numbers (replace with your numbers)					
01)	1	2	3	10	11	12
02)	1	13	20	28	35	40
03)	1	15	39	41	45	46
04)	2	17	24	27	40	46
05)	3	5	6	13	24	39
06)	3	23	28	32	44	46
07)	4	16	22	25	36	38
08)	4	29	33	34	35	42
09)	5	8	9	22	31	33
10)	6	10	21	23	40	45
11)	6	12	15	17	26	28
12)	7	8	16	21	42	43
13)	7	14	18	20	22	29
14)	7	19	25	33	41	44
15)	8	18	19	23	35	38
16)	9	18	25	30	34	43
17)	10	20	26	27	32	39

18)	11	13	17	32	37	45
19)	14	19	30	31	36	42
20)	29	31	37	38	43	44

For 48 Numbers in 20 Combinations

Note: See Chapter 6 for instructions how to use this wheel.

Prize Winning Power
3 if 3 = 2.313%
3 if 4 = 8.788%
3 if 5 = 20.29%
3 if 6 = 36.24%

4 if 4 = 0.154%
4 if 5 = 0.743%
4 if 6 = 2.146%

5 if 5 = 0.007%
5 if 6 = 0.041%

Combos	Pointer Numbers (replace with your numbers)					
01)	1	2	10	15	18	32
02)	1	6	16	19	25	42
03)	1	13	17	20	21	24
04)	2	3	6	12	24	35
05)	2	14	16	21	26	36
06)	3	11	14	19	20	32
07)	4	6	11	15	21	40
08)	4	10	14	17	35	42
09)	4	12	13	19	36	38
10)	5	8	9	27	43	48
11)	5	29	30	39	41	46
12)	7	8	22	23	30	34
13)	7	9	37	39	44	47
14)	8	25	29	31	44	45
15)	12	17	22	25	26	40
16)	15	16	20	33	35	38
17)	18	27	28	30	45	47

18)	23	28	31	37	46	48
19)	24	32	33	36	40	42
20)	26	31	34	41	43	47

For 49 Numbers in 20 Combinations

Note: See Chapter 6 for instructions how to use this wheel.

Prize Winning Power
3 if 3 = 2.171%
3 if 4 = 8.259%
3 if 5 = 19.14%
3 if 6 = 34.35%

4 if 4 = 0.141%
4 if 5 = 0.683%
4 if 6 = 1.974%

5 if 5 = 0.006%
5 if 6 = 0.037%

Combos	Pointer Numbers					
	(replace with your numbers)					
01)	1	2	6	22	30	46
02)	1	3	12	16	31	42
03)	1	15	17	23	25	32
04)	2	10	19	25	35	43
05)	3	6	32	33	37	38
06)	4	5	20	40	41	48
07)	4	8	25	27	30	33
08)	4	26	28	43	44	47
09)	5	14	15	18	45	47
10)	6	8	10	17	31	36
11)	7	9	14	39	44	48
12)	7	21	24	28	36	45
13)	8	23	35	38	42	46
14)	9	13	20	26	34	45
15)	10	16	22	23	27	37
16)	11	12	13	17	22	33
17)	11	16	29	30	38	40

18)	11	19	27	31	32	46
19)	18	21	34	41	44	49
20)	20	24	29	39	47	49

For 50 Numbers in 20 Combinations

Note: See Chapter 6 for instructions how to use this wheel.

Prize Winning Power
3 if 3 = 2.041%
3 if 4 = 7.772%
3 if 5 = 18.06%
3 if 6 = 32.60%

4 if 4 = 0.130%
4 if 5 = 0.629%
4 if 6 = 1.819%

5 if 5 = 0.006%
5 if 6 = 0.033%

Combos	Pointer Numbers					
	(replace with your numbers)					
01)	1	8	12	14	24	27
02)	1	20	22	29	36	50
03)	2	4	7	27	35	38
04)	2	11	24	29	31	41
05)	2	14	16	17	19	36
06)	3	13	15	28	34	48
07)	3	25	26	35	43	49
08)	4	8	19	21	31	50
09)	4	11	12	17	42	49
10)	5	6	23	33	39	47
11)	5	25	28	32	40	44
12)	6	9	10	13	25	37
13)	7	12	16	23	41	50
14)	7	17	18	20	21	24
15)	8	16	30	38	42	44
16)	9	15	30	33	40	46
17)	10	40	43	45	47	48

18)	11	14	21	22	34	38
19)	18	19	22	27	41	42
20)	26	32	37	39	45	46

For 51 Numbers in 20 Combinations

Note: See Chapter 6 for instructions how to use this wheel.

Prize Winning Power
3 if 3 = 1.921%
3 if 4 = 7.323%
3 if 5 = 17.07%
3 if 6 = 30.95%

4 if 4 = 0.120%
4 if 5 = 0.580%
4 if 6 = 1.679%

5 if 5 = 0.005%
5 if 6 = 0.030%

Combos	Pointer Numbers (replace with your numbers)					
01)	1	3	4	20	44	51
02)	1	7	12	18	25	30
03)	1	10	19	28	47	48
04)	2	3	22	25	26	36
05)	2	9	28	30	33	51
06)	3	18	28	31	34	42
07)	4	7	19	31	33	36
08)	4	23	26	30	42	47
09)	5	8	13	14	21	49
10)	5	15	16	17	24	37
11)	6	11	13	24	29	45
12)	6	14	16	39	43	46
13)	7	9	22	27	42	48
14)	8	15	40	41	43	45
15)	9	17	20	31	47	50
16)	10	12	32	38	41	44
17)	11	15	21	32	35	39

18)	18	20	23	33	38	48
19)	19	23	27	34	50	51
20)	29	35	37	40	46	49

For 52 Numbers in 20 Combinations

Note: See Chapter 6 for instructions how to use this wheel.

Prize Winning Power
3 if 3 = 1.810%
3 if 4 = 6.907%
3 if 5 = 16.14%
3 if 6 = 29.41%

4 if 4 = 0.111%
4 if 5 = 0.536%
4 if 6 = 1.552%

5 if 5 = 0.004%
5 if 6 = 0.027%

Combos	Pointer Numbers					
	(replace with your numbers)					
01)	1	2	9	13	31	46
02)	1	11	20	28	35	38
03)	1	29	32	39	43	49
04)	2	5	22	35	37	52
05)	2	11	23	39	42	48
06)	3	4	6	16	41	47
07)	3	12	30	36	40	45
08)	4	7	8	15	18	40
09)	5	10	19	20	34	51
10)	6	7	17	25	30	44
11)	8	12	14	16	27	44
12)	9	23	24	37	38	49
13)	9	26	28	32	33	51
14)	10	24	26	35	46	48
15)	11	13	22	24	33	43
16)	13	20	26	37	39	50
17)	14	15	21	25	41	45

18)	17	18	21	27	36	47
19)	19	28	42	46	49	50
20)	29	31	34	38	50	52

For 53 Numbers in 20 Combinations

Note: See Chapter 6 for instructions how to use this wheel.

Prize Winning Power
3 if 3 = 1.707%
3 if 4 = 6.523%
3 if 5 = 15.28%
3 if 6 = 27.94%

4 if 4 = 0.102%
4 if 5 = 0.495%
4 if 6 = 1.437%

5 if 5 = 0.004%
5 if 6 = 0.024%

Combos	Pointer Numbers (replace with your numbers)					
01)	1	8	15	19	22	44
02)	1	9	13	17	45	48
03)	2	4	20	48	49	52
04)	2	12	28	37	38	41
05)	3	5	22	23	35	50
06)	3	11	24	31	40	44
07)	3	15	16	26	42	53
08)	4	10	12	31	42	47
09)	5	8	10	16	24	25
10)	6	7	8	26	31	50
11)	6	14	25	35	42	44
12)	7	10	30	40	49	53
13)	9	18	20	27	36	37
14)	11	19	21	27	45	46
15)	13	14	32	38	47	52
16)	13	20	23	28	33	43
17)	15	24	29	30	34	50

18)	17	29	32	43	46	51
19)	18	21	33	34	39	41
20)	28	36	39	45	51	52

For 54 Numbers in 20 Combinations

Note: See Chapter 6 for instructions how to use this wheel.

Prize Winning Power
3 if 3 = 1.612%
3 if 4 = 6.166%
3 if 5 = 14.48%
3 if 6 = 26.59%

4 if 4 = 0.094%
4 if 5 = 0.459%
4 if 6 = 1.332%

5 if 5 = 0.004%
5 if 6 = 0.022%

Combos	Pointer Numbers (replace with your numbers)					
01)	1	2	28	33	42	48
02)	1	10	13	14	39	41
03)	2	8	12	15	29	41
04)	3	9	21	43	45	53
05)	3	11	23	34	37	44
06)	4	6	24	25	34	53
07)	4	19	26	36	44	51
08)	5	8	10	17	38	48
09)	5	14	25	29	42	50
10)	6	7	16	27	43	52
11)	7	20	31	44	47	53
12)	7	30	35	45	51	54
13)	9	12	13	18	28	38
14)	11	30	31	32	36	46
15)	15	17	18	33	39	50
16)	16	20	26	40	46	54
17)	19	20	24	32	35	52

18)	19	22	27	31	49	54
19)	21	32	37	47	49	51
20)	22	23	35	36	40	47

Chapter 11 – Super Wheels (Balanced Wheels)

For 12 Numbers in 22 Combinations

Note: See Chapter 6 for instructions how to use this wheel.

Prize Winning Power not available

Combos	Pointer Numbers					
	(replace with your numbers)					
01)	1	2	3	9	11	12
02)	1	2	3	4	6	10
03)	1	2	4	7	8	11
04)	1	2	5	6	8	9
05)	1	2	5	7	10	12
06)	1	3	4	5	8	12
07)	1	3	5	6	7	11
08)	1	3	7	8	9	10
09)	1	4	5	9	10	11
10)	1	4	6	7	9	12
11)	1	6	8	10	11	12
12)	2	3	4	5	7	9
13)	2	3	5	8	10	11
14)	2	3	6	7	8	12
15)	2	4	5	6	11	12
16)	2	4	8	9	10	12
17)	2	6	7	9	10	11
18)	3	4	6	8	9	11
19)	3	4	7	10	11	12
20)	3	5	6	9	10	12
21)	4	5	6	7	8	10
22)	5	7	8	9	11	12

For 12 Numbers in 30 Combinations

Note: See Chapter 6 for instructions how to use this wheel.

Prize Winning Power not available

Combos	Pointer Numbers (replace with your numbers)					
01)	1	2	3	4	10	11
02)	1	2	3	5	8	12
03)	1	2	4	6	7	12
04)	1	2	4	6	8	9
05)	1	2	5	7	9	11
06)	1	2	5	7	10	12
07)	1	2	6	8	10	12
08)	1	3	4	5	6	7
09)	1	3	4	5	8	9
10)	1	3	6	9	11	12
11)	1	3	7	8	9	10
12)	1	4	5	9	10	12
13)	1	4	7	8	11	12
14)	1	5	6	8	10	11
15)	1	6	7	9	10	11
16)	2	3	4	5	8	11
17)	2	3	4	7	9	12
18)	2	3	5	6	9	10
19)	2	3	6	7	8	11
20)	2	4	5	6	11	12
21)	2	4	5	7	8	10
22)	2	4	6	7	9	10
23)	2	8	9	10	11	12
24)	3	4	6	8	9	11
25)	3	4	6	8	10	12
26)	3	5	7	8	11	12
27)	3	5	9	10	11	12

28)	3	6	7	10	11	12
29)	4	5	7	9	10	11
30)	5	6	7	8	9	12

For 18 Numbers in 34 Combinations

Note: See Chapter 6 for instructions how to use this wheel.

Prize Winning Power not available

Combos	Pointer Numbers (replace with your numbers)					
01)	1	2	3	11	16	18
02)	1	2	5	6	8	12
03)	1	2	8	9	10	15
04)	1	3	4	5	16	17
05)	1	3	7	8	14	18
06)	1	4	6	11	14	18
07)	1	4	7	9	12	13
08)	1	5	10	11	13	15
09)	1	6	9	10	14	16
10)	1	6	12	15	17	18
11)	1	7	11	14	15	17
12)	2	3	7	9	15	16
13)	2	3	10	13	14	17
14)	2	4	5	14	15	18
15)	2	4	6	9	11	17
16)	2	4	10	12	16	18
17)	2	5	7	8	11	13
18)	2	6	7	10	13	18
19)	2	7	12	14	16	17
20)	3	4	5	7	12	15
21)	3	4	8	9	10	11
22)	3	5	6	9	13	18
23)	3	5	8	10	16	18
24)	3	6	7	10	11	12
25)	3	6	13	14	15	16
26)	3	8	9	12	15	17
27)	4	6	7	8	15	16

28)	4	8	10	12	13	14
29)	4	10	13	15	16	17
30)	5	6	8	10	14	17
31)	5	7	9	10	17	18
32)	5	9	11	12	14	16
33)	8	11	13	16	17	18
34)	9	11	12	13	15	18

For 22 Numbers in 71 Combinations

Note: See Chapter 6 for instructions how to use this wheel.

Prize Winning Power

3 if 3 = 75.84%
3 if 4 = 99.82%
3 if 5 = 100.0%
3 if 6 = 100.0%

4 if 4 = 13.75%
4 if 5 = 56.54%
4 if 6 = 93.78%

5 if 5 = 1.53%
5 if 6 = 8.71%

Combos	Pointer Numbers					
	(replace with your numbers)					
01)	1	2	5	7	8	12
02)	1	2	5	13	15	17
03)	1	2	6	18	19	21
04)	1	2	9	11	16	21
05)	1	3	4	5	16	19
06)	1	3	6	11	13	14
07)	1	3	7	12	17	18
08)	1	3	8	10	21	22
09)	1	3	8	12	16	20
10)	1	4	7	10	14	18
11)	1	4	8	9	13	17
12)	1	4	11	13	20	22
13)	1	4	12	13	15	21
14)	1	5	6	9	10	20
15)	1	5	9	15	18	22
16)	1	5	11	14	19	22
17)	1	6	7	16	17	22

18)	1	10	15	17	19	20
19)	2	3	4	14	15	19
20)	2	3	5	20	21	22
21)	2	3	6	7	14	16
22)	2	3	8	10	11	13
23)	2	3	9	10	12	17
24)	2	4	6	9	13	22
25)	2	4	6	11	12	17
26)	2	4	7	10	20	21
27)	2	5	8	9	16	19
28)	2	5	9	14	17	18
29)	2	6	10	15	21	22
30)	2	7	11	13	17	19
31)	2	8	11	15	18	20
32)	2	10	16	18	19	22
33)	2	12	13	14	16	20
34)	3	4	5	7	9	11
35)	3	4	13	17	18	21
36)	3	5	6	10	15	18
37)	3	6	8	9	16	18
38)	3	6	17	19	20	22
39)	3	7	9	13	15	20
40)	3	7	12	13	19	22
41)	3	11	14	18	20	21
42)	3	11	15	16	17	22
43)	4	5	8	12	15	22
44)	4	5	14	16	17	20
45)	4	6	7	8	10	19
46)	4	6	10	11	16	20
47)	4	8	11	19	21	22
48)	4	9	12	18	19	20
49)	4	9	14	15	16	18
50)	5	6	8	13	19	20
51)	5	6	10	12	14	22
52)	5	7	13	14	21	22
53)	5	7	15	16	19	21

54)	5	8	10	11	17	21
55)	5	11	12	13	16	18
56)	6	7	8	11	18	22
57)	6	7	12	18	20	21
58)	6	8	14	15	17	21
59)	6	9	11	12	15	19
60)	7	8	9	14	20	22
61)	7	8	10	13	15	16
62)	7	10	11	12	14	15
63)	8	9	10	12	18	21
64)	8	12	14	17	18	19
65)	9	10	13	14	19	21
66)	9	12	16	17	21	22
67)	10	13	17	18	20	22
68)	1	4	7	9	12	15
69)	5	6	8	14	16	21
70)	1	2	9	11	17	22
71)	1	4	5	13	15	18

For 24 Numbers in 93 Combinations

Note: See Chapter 6 for instructions how to use this wheel.

Prize Winning Power

3 if 3 = 78.11%
3 if 4 = 99.92%
3 if 5 = 100.0%
3 if 6 = 100.0%

4 if 4 = 12.70%
4 if 5 = 53.80%
4 if 6 = 92.47%

5 if 5 = 1.27%
5 if 6 = 7.28%

Combos	Pointer Numbers (replace with your numbers)					
01)	1	2	3	4	5	6
02)	1	2	7	15	18	23
03)	1	2	8	11	21	24
04)	1	2	9	12	19	22
05)	1	2	10	14	17	20
06)	1	3	7	13	20	24
07)	1	3	8	16	17	22
08)	1	3	9	10	11	15
09)	1	3	15	16	19	21
10)	1	4	7	14	16	19
11)	1	4	10	18	21	22
12)	1	4	12	13	17	23
13)	1	5	7	10	19	24
14)	1	5	8	9	18	20
15)	1	5	11	20	21	23
16)	1	5	13	14	15	22
17)	1	6	7	8	15	17

18)	1	6	8	10	13	19
19)	1	6	9	14	23	24
20)	1	6	11	12	16	18
21)	1	9	13	17	18	21
22)	1	10	12	15	20	24
23)	2	3	8	10	11	18
24)	2	3	9	14	18	21
25)	2	3	12	15	17	24
26)	2	3	13	16	19	23
27)	2	4	7	8	12	20
28)	2	4	8	10	15	16
29)	2	4	9	11	13	20
30)	2	4	12	16	17	21
31)	2	4	14	22	23	24
32)	2	5	6	11	14	15
33)	2	5	7	17	21	22
34)	2	5	8	13	17	19
35)	2	5	10	11	12	23
36)	2	5	16	18	20	24
37)	2	6	7	9	16	24
38)	2	6	7	12	13	14
39)	2	6	8	20	22	23
40)	2	6	18	19	20	21
41)	2	7	10	15	19	22
42)	2	9	15	17	20	23
43)	3	4	8	9	19	24
44)	3	4	9	11	16	22
45)	3	4	10	13	14	15
46)	3	4	12	18	20	23
47)	3	5	7	8	14	23
48)	3	5	7	12	15	16
49)	3	5	10	19	20	22
50)	3	5	11	17	23	24
51)	3	6	7	10	17	18
52)	3	6	9	12	21	23
53)	3	6	10	14	16	24

54)	3	6	11	13	21	22
55)	3	8	10	20	21	24
56)	3	11	12	14	17	19
57)	4	5	8	9	15	23
58)	4	5	9	10	12	14
59)	4	5	11	15	17	18
60)	4	5	13	16	21	24
61)	4	6	7	11	19	23
62)	4	6	7	15	20	21
63)	4	6	8	14	17	21
64)	4	6	10	11	12	24
65)	4	7	8	13	18	22
66)	4	17	19	20	22	24
67)	5	6	8	12	22	24
68)	5	6	9	16	17	19
69)	5	6	10	13	18	23
70)	5	8	11	19	21	22
71)	5	9	12	13	19	20
72)	6	9	15	18	19	22
73)	6	13	15	16	17	20
74)	7	8	9	11	12	17
75)	7	9	10	16	20	23
76)	7	9	14	15	21	24
77)	7	10	11	13	16	21
78)	7	11	14	18	20	22
79)	7	12	19	21	23	24
80)	8	9	13	14	16	23
81)	8	10	12	16	18	19
82)	8	11	14	15	19	20
83)	8	12	13	15	18	21
84)	8	16	17	18	23	24
85)	9	10	13	17	22	24
86)	10	15	17	19	21	23
87)	11	13	14	18	19	24
88)	11	15	16	22	23	24
89)	12	14	16	20	21	22

90)	12	14	17	18	22	23
91)	1	4	12	14	15	16
92)	1	3	9	11	18	24
93)	1	2	3	8	10	14

Back Matter – Special Bonus

Thank you for reading my book, *Lotto Master Book of Numbers*.

I encourage you to leave a review to let me know how you enjoyed my book. In addition, feel free to share my book with others.

To your success in life and in playing the lottery!

Rob Sutton

Special Bonus – Free Software
You could potentially play 1,940 6-number lotto plays if you played all of the plays from all of the wheels contained in this book. My free software automatically distributes the numbers that you choose to play for you, based on the wheels you select.

Go to **https://v.ht/FreeSoftwareDemo** (this link is case sensitive, enter it exactly as shown) to view my YouTube video where I demonstrate how to use my free Lotto Wheel Software.

Email me at **FreeLottoWheelSoftware@gmail.com** to request my free Lotto Wheel Software download.

This page
intentionally
left blank.

Printed in Great Britain
by Amazon